A BALADA
DO CÁLAMO

Atiq Rahimi

A BALADA DO CÁLAMO

Tradução e notas
Leila de Aguiar Costa

Estação Liberdade

Título original: *La Ballade du calame*
© Éditions de L'Iconoclaste, Paris, 2015
© Editora Estação Liberdade, 2018, para esta tradução

Preparação	Luciana Lima
Revisão	Marise Leal
Edição de arte	Miguel Simon
Imagem de capa	Atiq Rahimi
Editor	Angel Bojadsen

CET OUVRAGE A BÉNÉFICIÉ DU SOUTIEN DES PROGRAMMES D'AIDE À LA PUBLICATION DE L'INSTITUT FRANÇAIS.

ESTE LIVRO CONTOU COM O APOIO À PUBLICAÇÃO DO INSTITUT FRANÇAIS.

CIP-BRASIL. CATALOGAÇÃO NA PUBLICAÇÃO
SINDICATO NACIONAL DOS EDITORES DE LIVROS, RJ

R127b

    Rahimi, Atiq, 1962-
      A balada do cálamo / Atiq Rahimi ; tradução Leila de Aguiar Costa. - 1. ed. - São Paulo : Estação Liberdade, 2018.
      200 p. : il. ; 19 cm.

      Tradução de: La ballade du calame
      Inclui bibliografia e índice
      ISBN 978-85-7448-272-9

      1. Rahimi, Atiq, 1962-. 2. Escritores afegãos - Biografia. 3. Escritores franceses - Biografia. I. Costa, Leila de Aguiar. II. Título.

18-49503   CDD: 928.4
                  CDU: 929:821.133.1

Meri Gleice Rodrigues de Souza - Bibliotecária CRB-7/6439
04/05/2018   09/05/2018

Todos os direitos reservados à Editora Estação Liberdade. Nenhuma parte da obra pode ser reproduzida, adaptada, multiplicada ou divulgada de nenhuma forma (em particular por meios de reprografia ou processos digitais) sem autorização expressa da editora, e em virtude da legislação em vigor.

Esta publicação segue as normas do Acordo Ortográfico da Língua Portuguesa, Decreto nº 6.583, de 29 de setembro de 2008.

EDITORA ESTAÇÃO LIBERDADE LTDA.
Rua Dona Elisa, 116 | Barra Funda | 01155-030
São Paulo – SP | Tel.: (11) 3660 3180
www.estacaoliberdade.com.br

Sumário

No começo...   13
Meu primeiro pecado   24
Errância e solidão   34
Khat, o traçado   40
Mãe Índia   42
Alhures   46
Matrika   48
Origem ausente   51
O luto   56
Vai-te daqui!   62
Sopro e grito   67
Sou   74
Alef como Adão, *He* como Hava   82
Eros   90
Tânatos   92
Não sou senão uma letra   98
A chave perdida dos sonhos   100
Tinta, luz, errância...   104
A galeria dos corpos   110

Letras de espírito	117
Letras sobre a areia	120
A poética do invisível	126
Um ganso, carregador de letras	129
Calimorfa	133
Letras do corpo	137
O ser profano	141
A mulher calimórfica	147
Doze movimentos para inacabar	150
Agradecimentos	187
Referências	188
Índice das calimorfias	191
Notas	195

Para R. K.
que traz em si minha terra natal

Um autorretrato é o que você não é.
Georg Baselitz

No começo...

É noite.

E o verbo continua ausente.

Isso me dá uma estranha sensação, talvez uma angústia, aquela de chegar ao abismo de um espaço-tempo onde se cruzam solidão e desejo, como o estado daqueles deuses desaparecidos nos terrores do vazio antes da Criação.

Estou em meu ateliê,

um território íntimo onde se refugiam meus desejos inconclusos;

uma escrivaninha por intermitência, onde silenciosamente se inscrevem meus sonhos e meus pesadelos antes que se tornem lembranças longínquas, voláteis.

Diante de mim, na parede, uma galeria de fotos e de reproduções pictóricas que expõe seres imobilizados em sua errância. Corpos banidos, caçados, perdidos...

O exílio é deixar seu corpo para trás, dizia Ovídio.

E, junto com seu corpo, suas palavras, seus segredos, seus gestos, seu olhar, sua alegria...

Essas imagens, que eu recolhi e pendurei há um ano, compõem um mosaico de rostos e de corpos — conhecidos ou desconhecidos, imaginários ou não —, todos, como eu, condenados, pela História, à incerteza do exílio. Cada olhar suspenso é um romance; cada passo perdido, um destino. Esses seres migradores, errantes nas margens da terra, suspensos na nebulosa espiral do tempo, veem-me procurar desesperadamente minhas palavras, meu sopro, a fim de poder descrever seus sonhos, contar seus périplos, carregar seus gritos...

O desastre que os expulsou de sua terra natal recusa-se a ser nomeado... Ele censura a voz, evacua as palavras.

A palavra está em errância.

E o livro, sua terra prometida, recusa-se a acolhê-la.

Essas imagens do desastre têm o poder sufocante de uma cicatriz que reanima, a cada vez que para ela se olha, a dor experimentada no instante da ferida. Uma sensação estranha, impossível de ser expressa por adjetivos e por advérbios. Ela deixa a tela de meu computador vazia. Tão vazia quanto meu crânio.

Eu contemplo essas fotos e esses quadros como minhas próprias cicatrizes.

Desterrado como eles,
tenho o mesmo passado,
a mesma sorte incerta,
as mesmas feridas...

Entretanto, há uma imagem que falta aqui, na parede. Mas ela assombra meu espírito errante. Uma imagem, uma única. Aquela de uma extensão deserta, drapeada de neve, um espaço suspenso nos tempos; um momento-chave em minha vida que sempre relato, por todos os cantos. E, a cada vez, tenho a impressão de que o conto pela primeira vez, mesmo se o rumino com os mesmos vocábulos, as mesmas frases, os mesmos detalhes... É meu salmo.

Essa imagem segue-me por todos os lados, até mesmo aqui, esta noite, em meu ateliê, como uma folha branca que jaz diante de mim, sobre minha escrivaninha. Sua brancura reflete o vácuo de minha existência proscrita; ela é a expressão de minha *experiência originária* do exílio:

> *Era noite, uma noite fria. Surda.*
> *Tudo o que eu ouvia não era senão o ruído*
> *feltrado de meus passos gelados sobre a neve.*
> *Eu fugia da guerra, sonhando com um alhures,*
> *com uma vida melhor.*
> *Silencioso, ansioso, aproximava-me de uma*
> *fronteira na esperança de que o terror e o*
> *sofrimento perderiam meus traços.*
> *Uma vez na fronteira, o passador disse-me*
> *para lançar um último olhar para minha terra*
> *natal. Parei e olhei para trás:*
> *tudo o que vi não era senão uma extensão*
> *de neve com as marcas de meus passos.*
> *E, do outro lado da fronteira, um deserto*
> *semelhante a uma folha de papel virgem.*

*Sem traço algum. Disse a mim mesmo que o exílio
seria isso, uma página em branco que seria
preciso preencher.
Uma estranha sensação apoderou-se de mim.
Insondável. Não ousava nem avançar nem
recuar.
Mas era preciso partir!
Mal havia ultrapassado a fronteira e o
vazio me aspirou. É a vertigem do exílio,
murmurei no âmago de mim mesmo.
Não tinha mais nem minha terra sob o pé,
nem minha família nos braços,
nem minha identidade na bolsa.
Nada.*

Cá estou, trinta anos depois, exausto, ainda diante desta página em branco. Como traçar ali minha vida? Não sou capaz de fazê-lo. Há meses que me enterrei neste ateliê para escrever este livro sobre o exílio.

Impossível.

A angústia.

Uma angústia ritual, imutável; uma provação excitante e lancinante que experimento a todo instante em que me ponho a escrever. Sempre a mesma história, como se fosse meu primeiro livro, como se eu ultrapassasse pela primeira vez uma fronteira, abandonando uma terra por outra, uma vida por outra, um amor por outro...
Minha errância é eterna.
Minha angústia, tal qual.

Minha mão, tão trêmula quanto meus passos por ocasião da travessia das fronteiras, toma subitamente de uma pluma metálica, escorrega sobre o papel virgem, traça com incerteza um traço, desajeitadamente vertical.

Isso não se parece, inicialmente, com letra alguma, com forma alguma, com nada!

A não ser...

talvez,

...com o primeiro traço que uma criança esboça como que para revelar a primeira letra da primeira escrita que a humanidade soube traçar. Ouço Rabindranath Tagore, grande poeta indiano, endereçar-se a essa criança:

> *Você veio para escrever as histórias*
> *jamais concluídas de nossos pais na escrita*
> *escondida das páginas de nosso destino...*
>
> *Você dá a vida aos cenários esquecidos*
> *para formar novas imagens...*

Esse traço leva-me de volta à minha infância, a meus primeiros anos de escola em Cabul, à minha eterna angústia diante de uma tabuinha de madeira pintada de preto, vazia como o universo antes do Verbo.

Meus pequenos dedos trêmulos apertavam o cálamo de cuja ponta escorria giz líquido, branco, do qual exalava um fraco odor de cal. Eu esperava, como todos os meus colegas, o grito trêmulo do mestre de caligrafia:

Alef!

Em seguida, ele nos pedia para traçar um círculo cujo diâmetro seria a letra *alef, como o eixo que liga os dois polos da esfera terrestre*, precisava-nos o mestre.

Enquanto nos aplicávamos em bem executar suas instruções, o mestre continuava sem se preocupar com nossa idade, com nossa capacidade de compreendê-lo. Ou, então, era eu quem não compreendia nada! Hoje, agora, ao escrever, repenso nesses instantes, naquilo que o mestre teria podido nos dizer. Ele teria continuamente repetido o que sabia de cor, desde sua infância, o que seu próprio mestre lhe teria dito:

Alef, *vogal longa, fonema "â ou a",*
é a primeira letra do alfabeto árabe
imposto à nossa língua, o persa, há
mais de doze séculos. O ilustre poeta e
calígrafo iraquiano Ibn Muqla (886-940),

*o primeiro a codificar as letras e a
determinar suas proporções, definiu o* alef
*como "a letra-modelo", a medida das
outras letras.*

Em seguida, deixava que nos agitássemos para caligrafar o *alef* sobre nossas tabuinhas. Retirava-se, ele, para um canto da sala, perto da janela, expondo seu corpo frágil aos raios de sol primaveris. Soerguendo seu gorro de astracã, ele recitava em sua barba grisalha um poema do qual sou incapaz de me lembrar. Talvez fossem aqueles versos de Hafez, uma das figuras maiores da poesia persa do século XIV:

*No quadro de meu coração,
não há senão o* alef *que tenha a cintura esbelta
de Aimée.
Fazer o quê? Meu mestre não me ensinou
outra letra.*

Ele igualmente nos pedia, e disto me lembro, para escrever sobre cada linha duas vezes *alef*, em seguida três, e que todas deviam ser idênticas, ter o mesmo tamanho, a mesma densidade, o mesmo movimento... Eu sempre errava, como hoje. Os traços, nunca eu os soube traçar bem habilmente, verticalmente, de modo idêntico. Eles sempre estavam mais virados para a direita, um pouco curvados, com diferentes proporções.

Atenção! É uma letra sagrada. Não se pode brincar com ela nunca, nunca se deve traçá-la de qualquer jeito, escrevê-la em qualquer lugar, jogá-la... *Pois é pelo* alef *que começa o nome de Alá!*

Uma letra divina, é fato, mas dotada das partes corporais do homem.

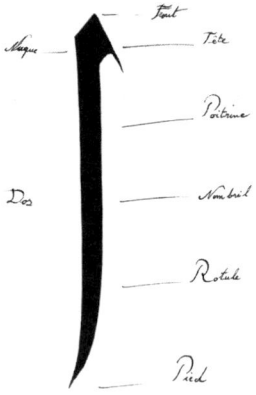

Eu então imaginava Deus como um homem branco, alto, magro, sentado no fundo do céu noturno (por que não deitado? Basta mudar o ponto de vista!), mas animado por um movimento imperceptível. Eu dizia a mim mesmo que Ele, Alá, devia dormir durante o dia, deixando lugar para o sol, e que à noite vinha para velar nossos sonos e vigiar nossos sonhos...

Mas...

   então...

      de onde vinham meus pesadelos?

Meu primeiro pecado

Três anos mais tarde, tive de deixar a tabuinha negra e o odor da cal para caligrafar com nanquim sobre folhas brancas. Era preciso recopiar as palavras sagradas do Alcorão. Hieroglificamente. Cuidadosamente. Devotamente. Tal como uma prece. Do contrário, os pequenos dedos receberiam alguns golpes de *khat-kash*, literalmente *puxa-linha*, isto é, a régua.

Eu detestava os cursos de *Khatati*, pois era preciso apenas copiar, e nada mais. E, como sempre, eu nunca soube copiar fielmente uma mesma letra; ou caligrafá-la com um traçado cheio. Minhas letras assumiam outras formas, eu as reproduzia a meu modo; eram sempre descuidadamente em degradê, mesmo se eu mergulhasse bem meu cálamo no tinteiro. Impaciente, eu queria traçar tudo com um só gesto. Isso irritava meu mestre, mas, quanto a mim, disso me orgulhava; talvez porque eu compusesse traços com nuanças de cinza que religavam magicamente o preto e o branco, a tinta e o papel, o cheio e o vazio. Isso dava igualmente relevo às letras, uma perspectiva. Minhas letras não estavam mais estáticas, movimentavam-se. Somente hoje percebo isso.

Eu era punido com frequência: devia talhar com uma lâmina bem afiada os cálamos dos outros. Uma punição dolorosa, violenta, sanguinolenta, cujas lembranças permanecem imperecíveis na pele de minhas mãos hoje quinquagenárias.

O mestre começava sempre suas aulas com a surata 68 do Alcorão, na qual Deus, dirigindo-se a seu profeta Maomé, jura em nome do cálamo:

Pelo Cálamo e por aquilo que ele escreve!
Tu, pela graça de teu Senhor,
Tu não és um possuído.

O mestre contava-nos também aquela anedota, digna de uma cena de desenho animado, que eu ilustrava em meu espírito zombeteiro:

*Quando Deus criou o Cálamo, Ele lhe
ordenou: "Escreve!" e a pluma perguntou:
"O que devo escrever?" Ele disse: "Escreve aquilo
que, até o dia da Ressurreição,
acontecerá. Assim, aquilo que atinge o homem não
poderia lhe faltar e aquilo que ele não tem não
lhe era destinado." A tinta das plumas
secou e as folhas foram guardadas.*

O mestre era muito sério. Nunca o vi sorrir. Pensava encorajar-nos dizendo que aquele que sabia caligrafar se tornaria após sua morte um anjo escriba que teria como missão, junto a Alá, transcrever as palavras, os pensamentos e os atos dos vivos.

Eu tinha medo dos anjos. De modo algum queria que meu pensamento fosse contado a Deus, nem que eu lhe transmitisse após minha morte, no além-mundo, o dos outros. Nunca!

Sim, eu jamais seria um calígrafo!, prometi para mim mesmo.

Um dia de verão.

O sol estava no seu ápice.

E nosso preceptor, isolado ao fundo da sala, havia mergulhado em sua sesta.

Aproveitando esses instantes de paz, quando éramos reduzidos às sombras no sono do mestre, eu desenhava com o cálamo o rosto de um homem, de modo inocente. Discretamente saído de seu descanso, o mestre surpreendeu-me e deu-me a ordem de deixar a aula. Eu era um infiel! *O Profeta disse que aqueles que serão os mais castigados no dia do Juízo Final serão os pintores*!, pregava para nós o mestre.

Mas por que então cabe a ele, ao mestre, punir-me aqui, neste mundo, antes do dia do Juízo Final? Pensa ele ser Alá?, perguntava-me silenciosamente, deixando a sala, olhos fixos no chão.

Eu nada compreendia.

Assim troquei definitivamente a caligrafia pela pintura. Para a felicidade de minha mãe que, outrora, ensinava as belas-artes em um colégio para moças.

Foi ela, sim, minha mãe, que tudo me ensinou sobre desenho.

Ela era supersticiosa.

Mas admirava o pecado de seu filho.

Talvez porque tivesse medo do que lhe inspiravam as palavras.

É isso, ela tinha medo das palavras. Tinha medo delas porque acreditava nelas. Muito. Acreditava em suas magias, em seus segredos insondáveis, em seu poder maléfico ou arcangélico... Como sua sogra, que gastava toda sua fortuna para comprar talismãs que dependurava por todos os lados, por todos os cantos e recônditos de nossa casa. E minha mãe desconfiava deles. Eram, dizia ela, talismãs maléficos! As duas mulheres cumprimentavam-se com hostilidade. Velha história entre sogra e nora, acrescida de uma querela familiar em torno da herança deixada por meu avô. E se, por infelicidade, minha mãe tivesse uma doença qualquer, ou se discutisse com meu pai, ou se visse um de seus filhos se machucar, ela ficava histérica, procurando obstinadamente os talismãs que minha avó deveria ter escondido em algum lugar entre as brechas das paredes ou dependurado discretamente no jardim, em um galho de árvore... E, se encontrasse um, colocava-o na água para que as letras fossem lavadas, invalidadas, ignoradas, dissolvidas, extintas para sempre... Em seguida, recolhia-se sobre seu tapete de prece por um longo momento.

Jamais esquecerei essas escritas enfeitiçantes com caracteres caligrafados extremamente minúsculos, quase ilegíveis, sobre os papéis dobrados em triângulo; tampouco sua composição muito gráfica em círculos esotéricos...

Também eu acabei por ter medo dos talismãs.

E, de tempos em tempos, minha mãe pedia a meu pai, que conhecia de cor o Alcorão, sem nele realmente acreditar, e que tinha uma escrita muito bela, para redigir com açafrão um amuleto protetor. Em seguida, mergulhava o papel em uma garrafa de água. O amarelo do açafrão ali se dissolvia; a água tornava-se quase laranja dourado... E nós devíamos beber de manhãzinha um copo de versetos caligrafados do Alcorão.

Esse talismã chamava-se *shwest*.

Aí está uma das razões pelas quais eu me interessava cada vez mais pela pintura, pelos rostos, pelas paisagens... Em detrimento da caligrafia e das letras sagradas e maléficas!

Mas isso durou pouco tempo.

Era um triste dia de outono, em 1973. Meu pai, então juiz da Suprema Corte, foi preso.

Eu estava com minha mãe na varanda de nossa casa, cansado diante dos croquis do novo chefe de Estado, o primo do rei, que acabava de tomar o poder para proclamar a República do Afeganistão. Eu me preparava para o concurso do melhor retrato do presidente. Minha irmã caçula estava fora, alegre no jardim de sua infância, invadido pela bruma amarronzada de Cabul.

Um homem veio ver minha mãe. Quem era? Como ele era? O que dizia ele? Esqueci-me de tudo, ou não quis guardar isso na lembrança. Nem seu rosto. Nem sua voz. Eu apreendia o sentido de suas palavras sobre o rosto de minha mãe... Via nossa vida posta entre os parênteses que a idade e o terror desenhavam ao redor de seus lábios cerrados.

Eu tinha onze anos, e ainda não lera os romances que teriam permitido que eu interpretasse a vinda do homem e o silêncio de minha mãe.

O homem partiu.

Minha mãe pôs-se como uma louca a procurar por todos os lados os talismãs maléficos de sua sogra. Esforço inútil. Não havia um único sequer. Em seguida, entregou-se a uma longa prece. E nada mais. Foi apenas mais tarde, quando minha irmã mais velha e meu irmão voltaram para casa, que minha mãe nos disse com uma voz chorosa que nosso pai havia sido preso! Em seguida, saiu para o pátio, no crepúsculo poeirento, andando de um lado para outro, resmungando que meu pai voltaria, que ele nada fizera, que ele nada podia fazer.

Era preciso falar com o avô que conhecia o presidente. Ele, para consolar minha mãe, disse que meu pai fora preso por engano, como centenas de outros aprisionados pelo novo regime.

Meu pai foi, assim, preso por um crime nunca definido. Era ele monarquista? Golpista? Corrupto?

O avô dizia que seu erro fora dizer que com o golpe de Estado o Afeganistão havia perdido sua primeira letra para se tornar *Feganistão*. O que em nossa língua significa: terra de grito e de lamentação.

"Estava ele certo ou enganado, a História nos dirá", dizia o avô.

Infelizmente, seu genro tinha razão.

Esse jogo de palavras condenou-o a dez anos de prisão.

Rasguei o retrato do presidente que eu havia pintado.

Não me tornei, pois, nem pintor nem calígrafo.
Pus-me a escrever poemas.

Errância e solidão

O traçado vertical, que há pouco esbocei com minha pluma metálica, e que me fez retornar à minha infância, está agora seco. Olho-o, demoradamente. Alguma coisa me intriga neste traço. Seria porque ele reaviva minhas lembranças? Ou porque sua forma remete à letra hierática *alef*?

Nem um, nem outro.

Não sou nostálgico. E, sobretudo, não sou esotérico.

Apenas a falta das palavras, descrevendo meu exílio, obseda-me. E nada mais. A ausência do verbo. A solidão na língua.

Aí está, é isso!

Este traço é o risco de minha solidão sobre a página em branco. Ele é o tropo de uma ausência no lugar onde se cruzam meu desejo e minha solidão.

A ausência do Outro.

A ausência do corpo do Outro.

Desse corpo que vive, que se movimenta, que mantém sua liberdade de não estar aqui, em meu ateliê. Esse corpo ausente — ausente como uma ideia, ou um verbo... ou um Deus — apodera-se de mim e expõe-me ao abismo.

É o trabalho do desejo. O trabalho da *máquina* do desejo.

Sim, é o desejo que cria a ausência, de modo algum o inverso!

O *alef* é a chave que põe em movimento a máquina de meus desejos.

א

O traço conserva misteriosamente um aspecto curioso. Ainda não sei como interpretá-lo.

Eu preciso de tempo.

Contemplo-o, ainda.

E quero esquecer o que diziam meus colegas de classe, na idade da puberdade: ter uma ereção como *alef*!

E assim como definiam a virgindade das moças: ter uma fenda como *alef*!

Esqueço tudo!

Para nada ver!

Nada...

A não ser um traço infantil que apenas revela minha ingenuidade em acreditar que há alguma coisa. Que haverá alguma coisa.

Há meses que estou no silêncio das palavras para escrever sobre o exílio. Nada faz funcionar meu espírito. Nem as fotos. Nem as pinturas. Nem a música... Nada!

Mas eis que um pequeno traço, sem que esteja carregado de signos e de sentidos voluntários, perturba-me. Ele me faz trabalhar, pensar, glosar, escrever...

Esse traço nascido de meu gesto, executo-o em um espaço-tempo onde não mais estou. Meu gesto fortaleceu-se no passado e alhures — em uma página em branco.

Ele é inerte, apesar de seu elã.

Talvez seja isso, esse aspecto indefinível de meu traço: ele é a encarnação imóvel de meu gesto. Como aquela corça no poema de Vaez Qazvini:

Por mais que eu fuja de mim, não volto senão a mim mesmo.
Tenho o elã imóvel de uma corça, domada pela imagem.

E esse movimento estático não pode significar outra coisa senão a errância. É disto que se trata, inelutavelmente. De minha errância!

Sozinho como alef é uma expressão em minha língua materna, pois essa letra somente pode ser ligada às outras quando está no início das palavras.
Mas também:
Errante como alef.
Alef-é sar-gardan, ao pé da letra: *alef*, cabeça girante.

Esses atributos da letra, cheguei mesmo a descobri-los naqueles versos do grande Rumi [1]:

Quem somos nós neste mundo sinuoso?
Nada além de um alef *errante, desprovido de tudo.*

Ou:

Se te tornares como alef *solitário*
tu estarás nessa via ímpar.

Não surpreende, pois, ver os dervixes rodopiantes que, como descritos pelo poeta, *giram como* alef *ao redor de si mesmos.*

Porque buscam se procurando. Ouço a voz do mestre de Rumi, Attar[2], que diz:

Passei trinta anos procurando Deus.
Finalmente, vi:
Era Ele aquele que buscava;
e eu, o procurado.

Posso ir ainda mais longe, perder-me nos textos sagrados judaicos, e voltar com a mesma letra definida como a *fibra dos possíveis*. Ela liga a terra ao céu. O calígrafo Frank Lalou considera-a como o símbolo da unidade. *Ela é a energia que preexistia antes da criação do mundo.*

Seria por essa razão que o primeiro ser humano, Adão, nos três livros monoteístas, tem um nome que começa com o *alef*?

O preceptor que nos ensinava o Alcorão e os ritos islâmicos sempre nos dava as letras do nome de Adão como referências das posturas no momento da prece: de pé como *alef*, encurvado como *mim* e sentado como *dal*.

آدم

Só essa poética do corpo divertia-me na prece.

Khat, o traçado

Alef. Um gesto simples. Um traço único. Uma letra originária que Jorge Luis Borges, em uma obra intitulada O *Aleph*, definiu como o lugar *onde estão, sem se confundirem, todos os lugares do orbe, vistos de todos os ângulos.*

Esse é um traço de união entre mim e minhas origens, entre mim e o universo, entre meus sonhos e minha vida...

O *alef* é, pois, meu traço:
a marca de minha existência,
minhas pegadas,
meu passo,
meu odor,
minha pista,
meu caminho,

meu vestígio,
minha memória,
meu passado,
meu conhecimento,
meus traços,
minhas fumaças,
minha sombra,
minha urinação,
minha via,
minha cicatriz,
minha assinatura,
minha mácula,
meu lápis,
minha criança…

    O *alef* é meu tetragrama de errância e de ausência. Ouço Cy Twombly dizer que "*cada traço é habitado por sua própria história, da qual ele é a experiência presente; ele não se explica, é o acontecimento de sua própria materialização*".

Mãe Índia

Durante o tempo em que meu pai esteve na prisão, nós nos mudamos para um pequeno apartamento, cuja varanda dava para a rua. Era ali, naquela varanda, que pude ver, ao voltar da escola, meu pai enfim libertado — agraciado, inocentado, mas difamado, indignado.

Na prisão, raspavam sua cabeça a seco e arrancavam suas unhas.

Estamos de partida para a Índia.

Sua voz ressoa ainda hoje em meu espírito, depois de trinta e seis anos de errância. Uma voz incerta e frágil, abismada nas celas da prisão para onde havia carregado com ele, três anos antes, o desejo e os sonhos de sua esposa, a alegria e as ilusões de seus quatro filhos.

Estamos de partida para a Índia.

Mal fora libertado, eis que iria viver alhures, meu pai. Ele não era mais ameaçado, não havia mais nenhuma coação para deixar o país. Mas queria ir embora e *viver sua vida*, diz-me hoje, recitando o poema do grande místico persa, Attar:

Se tu és um homem, não vives sem tua vida.

E prossegue:

Viver, meu filho, sua vida, seu pensamento, seus sentimentos, seu corpo... Eis o que chamamos: a dignidade humana.

Ele deixava seu *Feganistão* para apagar de sua pele todo o traço da humilhação que havia experimentado na prisão.

Ele então partiu com minha mãe, sem nós, a fim de bem preparar nossa futura casa de exílio.

Na tela de minhas lembranças, revejo-os, ainda antes de subir no avião, lançar um último olhar em nossa direção, seus quatro filhos gritando e gesticulando no embarque do aeroporto: "*Mama! Baba!*"

Eles sobem no avião, desaparecem em seguida nos céus.

Uma cena de experiência originária:

O exílio é, antes de tudo, deixar a terra para... desaparecer nos céus. Talvez para ver as nuvens.

Eu não conhecia Baudelaire, do contrário eu teria salmodiado para eles seu poema:

> *A quem você ama mais, homem enigmático, me diga: seu pai, sua mãe,*
> *sua irmã ou seu irmão?*
> *— Não tenho nem pai, nem mãe, nem irmã, nem irmão.*
> *— Seus amigos?*
> *— O senhor está utilizando uma palavra cujo sentido até hoje é desconhecido para mim.*
> *— Sua pátria?*
> *— Ignoro sob qual latitude está situada.*

— *A beleza?*
— *Eu a amaria com prazer, deusa e imortal.*
— *O ouro?*
— *Eu o odeio como o senhor odeia a Deus.*
— *Ei! O que é então que você ama,*
extraordinário estrangeiro?
— *Amo as nuvens... as nuvens que passam...*
lá... lá... adiante... as maravilhosas nuvens!

Alhures

Na ausência de nossos pais, meu irmão tornou-se comunista, abjurando sua religião para acreditar na História. Um renegado segundo a lei xaria[3] no Islã.

Renegou também sua classe para defender os pobres, sua pátria para cantar "A Internacional".

Minha irmã devia afirmar sua feminilidade contra a falocracia, renunciando à Lei do Pai. Permaneceu solteira e abdicou do eros.

E eu,
Eu devia provar minha existência contra tudo,
à margem de tudo.
Nem monarquista,
nem comunista,

nem feminista,
nem místico...
Sem ordem alguma!

Eu não era senão um anarquista. Mas sem sabê-lo.
Apenas hoje me dou conta disso.
Jovem, eu já estava alhures.
Sem pátria, sem terra.
Em exílio,
na escritura.

Matrika[4]

E houve então o golpe de Estado dos comunistas em 1978.

Nós, os quatro filhos, permanecemos com nossa avó materna. Meu pai pedia-nos para ir para a Índia. Meu irmão recusou-se.

Meu pai hesitava em retornar. Minha mãe, não.

Ela voltou, sozinha.

Em seguida, eu parti.

Para a Índia.

Essa viagem foi minha primeira experiência pessoal do exílio.

Mal cheguei a Deli, antes mesmo de conhecer a cidade, meu pai contratou um mestre sique, *ustad*[5] Bahari, de origem afegã, para me ensinar inglês e hindi. Embora fosse da crença sique, sabia pensar o mundo tanto graças à literatura mística persa quanto aos textos budistas.

Eu nada conhecia da cultura indiana, a não ser canções e filmes. *Ustad* Bahari deu-me um texto, *Kabuliwala*, de certo Rabindranath Tagore. Era preciso que eu copiasse a novela, em inglês e em hindi, mesmo não sabendo ler nem escrever nessas duas línguas.

Aprenda inicialmente a traçar uma escrita!, aconselhava-me o mestre Bahari. E apenas hoje, infelizmente, compreendi melhor seus aforismos.

Enquanto a tradição hindu venera a palavra, dita *vac*, a voz — donde aquele famoso adágio indiano "A escrita é a sombra da palavra" —, os budistas e os siques conferem à escrita um lugar sagrado, como na via tântrica que define cada som, cada letra como *matrika*, mãezinha. É por ela que o mundo é criado. Cada signo do alfabeto é "uma trama vibratória do universo".

Começávamos sempre as aulas com o mantra originário, *OM*. Demorei para emitir essa sílaba em seus três movimentos, *a-u-m*, partindo do abdome para atravessar a garganta e terminar no nariz. Uma maneira de interpretar, ensinava-me o mestre, a trindade indiana: o nascimento (deus criador Brahma), a vida (deus Vishnu) e a morte (deus destruidor Shiva). Nessa via, o som "*a*", a primeira letra em sânscrito e em hebraico, em latim ou em árabe, possui uma carga simbólica muito importante. Origem, substrato onde tudo se reabsorve, esse signo sonoro, de natureza sagrada, é um objeto de meditação, como lembra Shubhakarasimha, grande monge do século VIII: "*Cor de ouro, ela emerge de um lótus branco de oito pétalas.*"

Compreendo cada vez mais meu gesto, meu traço, minha *matrik*a, o *alef*.

Origem ausente

Quando criança, eu temia a noite. Não, não a noite, a perda do sol.
Imaginem, como imagina Henri Gougaud...[6]

... em uma clareira da floresta do tempo,
um rebanho de infelizes agachados no
limiar de uma gruta. É o crepúsculo.
O sol acaba de desaparecer por trás das
árvores. Como todas as noites, esses homens,
essas mulheres têm medo. E se dessa vez
ele não voltar, esse pai luminoso que
todas as manhãs nos desperta? E se esse ser
prodigioso que faz todas as coisas vivas
abandonar-nos à noite?

Criança, como esses homens e essas mulheres das primeiras noites, eu igualmente me perguntava o que aconteceria se o sol não mais acordasse minha mãe... Ela dormiria para toda a eternidade. Que terror! Talvez fosse para vencer esse medo que eu contava histórias para mim mesmo.

Quando crianças, todos somos Sherazade. Inventamos contos não para passar o tempo, mas para sobreviver.

Minhas insônias vinham daí, é certo, dessa angústia noturna. A isso se acrescenta a síndrome da página em branco — o espaço de meu exílio, cuja imagem está ainda ausente sobre a parede, diante de mim. Essa imagem é, ao mesmo tempo, a de minha origem e a de meu destino. Pascal Quignard me diria que essa imagem ausente não é senão aquela que falta à minha alma:

> *Nós dependemos de uma postura que se deu de modo necessário, mas que jamais se revelará a nossos olhos. Chamamos a essa imagem que falta "origem". Procuramo-la detrás de tudo o que vemos. E chamamos a essa falta que*

*se arrasta durante os dias "o destino". É lá
que vão se perder os gestos que refazemos
sem ter consciência, os mesmos
que se enfraquecem.*

O *alef*!
É aí, nessa letra, que meu gesto se perdeu, assim como minhas palavras, meu pensamento...
Esse *alef*, inscrito na página de minha errância, é um traço que se ergue como uma imagem originária, ou um *signo* que falta. Dito de outro modo, esse traço é:
a ausência do sujeito — como *significado* —
e
o sujeito — como *significante* — da ausência.

Que sujeito deixou aqui o traço de seu corpo, sobre a página em branco de minha existência?
Há, inicialmente, claro, minha mãe, minha *matrika*, morta no ano passado. Ela deixou seu corpo — como signo — em mim. Um corpo tão magro quanto o *alef*, enfraquecido, roído pela doença.

Ela morreu longe de sua terra natal, nas regiões lestes dos Estados Unidos da América. "*O exílio é morrer alhures*", dizia o grande poeta afegão Sayd Bahodine Majrouh.

Enquanto ela morria, meu pai escrevia poemas. E gritava surdamente contra a morte, que estava lá, em sua casa, nos pulmões de sua esposa.
Essa mulher que um dia lhe havia soprado
o amor,
em seguida
infligido o sofrimento,
inspirado os ciúmes,
chamado a ira...
e lembrado a impossibilidade de uma vida sem o outro.

Olhar perdido em seu caderno, voz sufocada, meu pai recitava todas as manhãs, à cabeceira de minha mãe, um verso, ou dois, de seus poemas:

Uma carta sem pé nem cabeça te escreverei
Em tua ausência, nossa história te escreverei

Todo nosso destino sob o céu injusto
Daqui até os astros te escreverei
Se não conhecestes a cor e o
perfume de raana
Sobre toda a beleza dessa flor
Te escreverei

...

Quando vir? Quando partir?
Sobre essa vã incerteza te escreverei

تاریخ ۸/۱۵/۱۲
برایت نامه‌ای بی سر و پا خواهم نوشت
در غیابت قصهٔ من و ما خواهم نوشت
شرح و لیتی دزن ممکن گمکدار
از زمین تا ستاره‌ها خواهم نوشت
گر از رنگ و بوی عطر غنچه‌های آشنا
داستانی از رنگ و بوی عصر زیبا خواهم نوشت
قلم و کتم رسید روز تا و
از ابتدا تا انتها خواهم نوشت
دبستانی پر خاطره ستیر نه نشان
با غم و نا امیدی، غمها خواهم نوشت

O luto

Minha *matrika* morre.

E eu então acrescento ao início da letra *alef* uma outra letra: ܀ [*mim*]

ܐ

Isso dá *ma*. O que significa: nós.

Em seguida, traço depois do *alef* duas outras letras: ܕ [*dal*] e ܪ [*re*], que se pronunciam [*dar*] e que significam: o dentro, mas também a porta.

E, todos juntos, [*madar*], mãe!

مادر

É curioso chegar a essas letras e a essa figura. É o trabalho da língua. Ou o do luto!

Alef é também minha mãe, minha origem. Aliás, na cultura alcorânica, *alef*, que simboliza Deus, é a matriz, como diz Ibn Arabi[7]:

O alef *representa a existência da Essência em sua perfeição.*

Ironia do destino. Meu nome de família, *Rahimi*, vem de um dos noventa e nove atributos de Alá, cuja etimologia, *Rahèm*, significa a matriz: *Bismillah ar--rahman ar-Rahim* é uma fórmula ritual muçulmana que se traduz por: *Em nome de Alá, clemente e misericordioso.*

Quando eu devia, na escola, recitá-la antes de todas as suratas do Alcorão, assim como no início de toda prece, ou de todos os poemas místicos, eu acreditava que meus ancestrais eram filhos de Alá!

Hoje, dou-me conta de que essa fórmula é muito misteriosa. Ela insiste duas vezes no mesmo atributo entre todos, "clemente, misericordioso": *Rahman, Rahim*, duas palavras que têm uma mesma origem: útero.

Essa forma genésica é inspirada na Pedra Negra, tal qual ela se apresenta no flanco da Caaba, em Meca, a casa de Deus. É em torno dessa pedra que durante a grande *Eid al-Adha*, a Festa de Sacrifício, milhões de peregrinos muçulmanos dão sete voltas. Segundo a tradição islâmica, ela teria caído do céu para indicar a Adão e Eva onde construir um altar. Ela está cimentada em uma moldura de prata que, sob um ângulo particular, dá-me a impressão de ver se entrelaçarem duas letras sagradas: *lam* e *alef,* que se pronunciam *LA.*

Ao avançar em minhas pesquisas, percebo que a gematria de *alef*, no esoterismo judaico e islâmico, é o número 1, que significa a divindade, a unicidade e a individualidade. Ele surge do nada, mantendo seu silêncio. Ele é *a plenitude do vazio do nada*.

Leio no *Zohar*[8] que, segundo Rav Hamenouna, o Antigo[9], quando Deus desejou criar o mundo, todas as letras compareceram diante dele, da última à primeira. Cada uma queria que Deus criasse o mundo a partir dela. Embora ao final ele tenha confiado a criação à letra Bet (b), Ele disse a Alef: *"Tu serás o cume de todas as letras, não terei unidade senão em ti. A partir de ti se ajustarão todas as medidas e todas as obras do mundo."*

Todos esses textos fazem crer que, ao traçar a letra *alef*, tento abrir para mim uma via em busca da espiritualidade. Como eu gostaria! Mas me vejo, antes, percorrer modestamente um caminho em direção às minhas origens, pois, para escrever um livro sobre o exílio, não tenho outra pista senão aquela que me leva à minha terra natal, à minha língua materna, enfim, à minha mãe. Um signo para me dizer que nunca poderei definir onde estou enquanto não souber de onde venho.

Quando você se perder em um deserto, dizem os sábios africanos, *procure, antes, pelo traço dos passos de onde você vem.*

A origem é um ponto de referência, e não o objetivo, tampouco o fim.

Exilado, sou um *homem labiríntico* que, segundo Nietzsche, *jamais busca a verdade, mas unicamente sua Ariadne.*

O *alef* é também meu traçado de Ariadne que me guia em direção ao meu passado, em direção ao meu nascimento...

Vai-te daqui!

É a voz tirânica que expulsou do paraíso Adão e Eva, a humanidade, pois.

Esse grito, talvez eu o tenha percebido pela primeira vez na voz dolente de minha mãe. Mas esse grito não me repreendeu — tenho certeza; ele implorava-me dolorosamente para deixar o lugar onde eu estava — o feto. Meu corpo, como todos os corpos antes do nascimento, ali dançava a partir do canto orgânico da criação. Nessa morada líquida, meu corpo frágil — completamente nu, muito magro — não tinha necessidade alguma de respirar
de chorar
de sonhar
de andar
de sofrer
de mentir...

E, no entanto, ele devia deixar essa morada para viver alhures, em uma terra árida, onde também ele, à semelhança dos corpos de meus ancestrais, deveria plantar sua árvore genealógica, cujas folhas seriam plenas do eterno enigma de sua queda tão violenta. Uma queda dura, sangrenta, que durante tanto tempo assombrou meus sonhos.

Eu me via resistindo para deixar essa morada orgânica e divina; mas as paredes eram lisas, impossível agarrar-me a elas. As mãos, as primeiras mãos, que retiravam meu corpo, não eram as de minha mãe. As mãos eram frias, mas hábeis. Elas deviam pegar meu corpo pela cabeça. Meu corpo tinha medo; ele sentia a queda. Minha mãe suplicava-me para partir, não para se livrar de mim, mas para não morrer de dor, ou para não me deixar nela perecer.

O nascimento, que tragédia!

Ele ensina-nos que partir de sua morada é, antes de tudo, não morrer.

Em seguida, mal havia nascido, minha mãe acolhia meu corpo trêmulo em seus braços — minha segunda morada de asilo.

Assim nasceram eles, esses primeiros traços, eu no abraço amoroso de minha mãe. Mas nossos corpos estão imóveis. Nada aparece nessa figura. Nada. Nem meus primeiros movimentos, nem meu primeiro grito, nem o sopro de minha mãe após esse parto.
O que falta?
A perfeição!, gritaria meu mestre de escola. *A perfeição*:
a plenitude dos traços,
a regularidade das curvas,
o equilíbrio das letras,
os efeitos estilísticos,
o rigor,
o treinamento...

Mas eu não sou nem calígrafo nem pintor.
Não tenho mais nem mestre nem dever.

Portanto, nenhuma necessidade de perfeição! Nada tenho para provar. A não ser mostrar por A mais B que sou um escritor, que sei contar minha vida, meu exílio, para dele fazer um livro, que...

Mas me sinto esvaziado de palavras, privado de verbo...

Não sou mais sequer um escritor.

Fiz um traço porque minha mão não sabia mais o que fazer com a vacuidade de meu espírito.

Sopro e grito

Já passou da meia-noite. Ainda estou em meu ateliê, o antro de meus delírios solitários.

Chove lá fora.
Chove sobre o silêncio da cidade.
Chove sobre os traços de passos dos parisienses, sobre os tetos que protegem seus sonhos...
Chove sobre meu espírito, deixado lá fora, detrás das janelas encobertas de vapor. Como que para deixá-lo se diluir, se desamarrar... Sem temer perdê-lo nos esgotos da cidade.

Dentro, nenhum sinal de sono.
O exílio é uma espécie de longa insônia, dizia Victor Hugo.

É nesse vazio, em plena noite em claro, que alguma coisa vibra em mim. No início, docemente; em seguida, espasmodicamente, como que para movimentar a memória de minha mão e reavivar as lembranças de infância de meus dedos...
A sensação vence a perfeição.
Sim, não busco senão isso, a sensação.
E nada mais!
Como os primeiros homens nas grutas, traço meus signos de origem.

Entrego-me inteiramente às minhas lembranças, às minhas leituras...
à voz de meu foro interior,
a meus gestos de outrora,
a meu grito, aos sopros de minha mãe.
E, em seguida, deixo-os invadir-me,
fazer-me,
desfazer-me.

Abandono minha pluma metálica. Muito moderna e muito eficaz para meu estado elementar. Ela não falha em relação aos meus gestos, e é mais certeira para meu pensamento desfeito.

Preciso de outra coisa, tão frágil quanto meu corpo, tão vibrante quanto o *alef*.

Um cálamo?

Sem dúvida alguma. Um caule de caniço, *nay*, selvagemente retirado dos charcos e inocentemente arrancado do caniçal; em seguida secado, esvaziado e talhado com minhas próprias mãos.

۶

Retomo, pois, meu cálamo de caniço. Coloco-o, inicialmente, assim como se recomenda, *detrás de minha orelha para escutá-lo*. Porque o *nay* é também o instrumento de música. Um instrumento de sopro. É o sopro que o atravessa. Tanto para a escrita quanto para a música.

Os calígrafos persas e árabes têm até mesmo uma palavra para o rangido do cálamo no momento da escrita: *sarir*, como naquele poema do persa Khakani:

De sarir
meu cálamo se torna cigarra
Meu discurso
uma voz em imagem

O cálamo, em persa, é também chamado *kelk*, o dedo.

A voz, o grito, mas também meu sexto dedo, aquele que faz corpo com meus pensamentos e minhas emoções.

Ele chegou mesmo a dar sua forma ao *alef*.

Ou o inverso, diria meu mestre.

É preciso acreditar no *nay*, no cálamo de *nay*. Mesmo Alá jura sobre o cálamo, como se ele O precedesse! Talvez.

Ouço o *nay*, ouço Rumi:

Ouça o nay *contar uma história, ele*
lamenta-se da separação:
"Desde que me cortaram do caniçal,
meu queixume faz gemer o homem e a mulher

*"Quero um coração despedaçado pela
separação para descrever a dor do
desejo*
*"Todo aquele que mora longe de sua fonte
aspira ao instante em que a ela será novamente
unido [...]"*
*Mas todo aquele que é separado daquele que
fala se torna mudo, mesmo que tenha cem
melodias.*

Jovem, mais jovem que hoje, eu conhecia de cor esse poema. Ele abre o grande livro de *Masnavi*. Apego-me a esses versos e a seu autor, Rumi, que tinha, ele também, uma vida errante. Com apenas doze anos, partiu com toda sua família para a Turquia; sua cidade natal Balkh (no norte do atual Afeganistão) era alvo da invasão mongol.

O poema é um salmo sobre o exílio. Alguns o interpretam como a *experiência originária* do exílio, que é a separação da criança do corpo da mãe.

O *nay* grita como a criança de quem se cortou o cordão umbilical.

E o que resta disso como lembrança, sem contar, é claro, o traumatismo que se inscreve em meu inconsciente e a cicatriz em meu corpo?

O corpo de minha mãe, minha terra de origem, é denegado. É a pátria (patri-arcal) que me obriga a ela renunciar. O corpo-mãe torna-se assim, mais tarde, uma terra de asilo durante as provações de minha vida civil.

Ela é a um tempo minha terra de origem e minha Terra Prometida.

De onde caio, em direção ao que sou destinado.

Ela é meu Éden e meu paraíso.

Coloco tinta no tinteiro.

Minha mão treme. O cálamo é leve, mas ele a faz vibrar.

Ele é mais exigente que meu mestre. Mas jamais me trairá.

Entrego-me a ele.

Ainda um traço:

Gosto deste signo *madh*, que se aloja acima de *alef*, para prolongar, como um acento circunflexo sobre o a, o som da letra.

Sua forma assemelha-se ao signo *yod* do alfabeto hebraico, cujo pictograma é a mão; e o sentido: o poder criativo, o germe. É a primeira letra do tetragrama. Ela faz-me trabalhar. Minha mão obedece mais a ela do que a meu espírito. Frank Lalou me diria:

A mão (yad/yod) fará com que você descubra o que nem mesmo o espírito imaginava.

Sou

Mas o que eu seria sem minhas errâncias? Ninguém, responder-me-ia o "surpreendente viajante" Nicolas Bouvier:

Acredita-se que se fará uma viagem, mas
logo é a viagem que nos faz, ou
nos desfaz.

É fato que há uma síndrome indiana que não exclui ninguém. "*Na Índia, muitas pessoas se perdem*", diz Antonio Tabucchi, "*é um país feito propositadamente para isso.*"

Quanto a mim, penso que aqui me encontrei. Sim, é neste país que me reencontrei pela primeira vez. É aqui que declamei o mantra *Aham*, "eu sou".

Ele invadiu-me inteiramente até esta reivindicação identitária e existencial:

Nasci na Índia,
encarnei no Afeganistão
e reencarnei na França.
Que carma tenho!

Que rito iniciático, pronunciar essa divisa na idade de dezesseis anos!
Aham
Sem pontuação alguma, ensinava-me o mestre Bahari.

Por que isso me fascinava tanto? Impossível explicar nessa idade. Foi mais tarde, trinta anos depois, durante minhas incontáveis estadias na Índia, que comecei um pouco a apreender a carga ontológica e espiritual dessa viagem.

Vindo de uma cultura em que eu não tinha o direito de afirmar "o que sou", e me encontrando em um país onde se canta esse mantra como meditação sobre a condição *sine qua non* da existência, via diante de mim um campo aberto para toda a experiência de si. Em minha consciência. E para a minha liberdade.

Que libertação.

Salmodiar *Aham* é uma experiência a um só tempo existencial e metafísica.

Composto da primeira letra sânscrita "a", terminando pelo "m", como a famosa sílaba *om*, esse mantra abre outra via possível para o *conhecimento*[10] de si, bem longe de *Cogito ergo sum*.

Para os indianos, "o que o homem pensa, ele se torna". Não há, pois, o "logo" cartesiano.

Eu sou o que eu penso.

Eu sou o que sinto.

Eu sou o que desejo.

Eu sou o que percebo...

Embora nessa via a realidade substancial de um "eu" como entidade individual seja fonte de sofrimento, e que a sabedoria exija a "inexistência de si", o mantra *Aham* me dá a possibilidade de definir-me logo à entrada como um ser consciente de sua existência. Sem essa ipseidade, eu jamais compreenderia o sábio indiano que aponta com seu dedo indicador uma árvore e me diz: *Tat tvam asi*, você também é isso. É por esse caminho que conseguirei ultrapassar meus próprios limites, meu ego, para atingir certa consciência universal: não sou convidado neste mundo, tampouco, aliás, exilado como o fazem crer as três religiões abraâmicas; faço parte deste mundo, sou deste mundo, sou o mundo. E dizer como Tagore: "*Em um dos polos de minha existência, não sou senão uno com as pedras e com os ramos das árvores.*"

Dito de outro modo: sou tudo... E nada!

Em sua conversa com o Dalai Lama, Jean-Claude Carrière destaca do ensinamento do Buda o seguinte:

> *O corpo não é o si, a sensação não é*
> *o si, a percepção não é o si, as*
> *construções não são o si, tanto quanto*
> *a consciência não é o si...*

Assim, como o precisam os dois mestres em seu apaixonante diálogo, nenhum dos agregados que nos compõem (ainda que algumas escolas sustentem o contrário) pode pretender ser nós mesmos. E se for preciso escolher? E se necessitarmos por todos os meios de um suporte, de um ponto de apoio? Então, diz o Buda, talvez seja melhor pegar o corpo, pois ao menos ele subsiste um instante, enquanto "*o que vocês nomeiam o espírito se produz e se dispersa em uma perpétua mudança*".

Ora, eu sou meu corpo.

Essa experiência indiana permitiu-me, pois, tomar grande distância de minha cultura de origem muçulmana, e compreender melhor alguns aspectos da cultura de meu país natal, que foi outrora o cruzamento de diferentes civilizações, zoroastrista, budista e grega, cujos vestígios permanecem miraculosamente em nossa consciência coletiva.
Sim, minha terra era também isso!
E eu também.

A Índia despertou-me ainda mais quando me encontrei diante de dois monumentos, um que encarna Eros e outro Tânatos: o templo de Khajuraho e o túmulo do Taj Mahal.

Imaginem no calor da Índia central um jovem afegão de dezesseis anos, cabeça voltada para trás, sorriso tímido nos lábios, boquiaberto ao pé do templo de Lakshmana. Ele devora com os olhos — totalmente abertos — as cenas de amor, esculpidas com tamanha sensualidade, em um lugar sagrado.

O que ele experimenta? Ele que, em seu país, contentava-se, para seu pecado de Onã, com imagens de manequins seminus que encontrava nas revistas de moda dos alfaiates locais, onde acompanhava — oh, quanta alegria! — sua mãe ou sua irmã. Entrando às escondidas nos provadores, ele folheava avidamente as revistas, e registrava em suas retinas cada imagem, com detalhes.

Aí está ele, pois, subjugado diante desses corpos sublimemente eróticos. Mas sem exaltação alguma! Surpreende-se, então, de sentir-se tão desexcitado. Talvez porque esteja intimidado por aquele lugar sagrado e por aquelas cenas cuja dimensão simbólica e divina vence o aspecto erógeno.

Uma questão que o obrigou a se recolher para meditar sobre seu próprio corpo, sobre sua própria religião.

Minha cultura islâmica considera o corpo como um envelope perecível, feito de argila seca, de lama endurecida. A nudez é ali um pecado, a volúpia... O corpo é, então, censurado, aprisionado, escondido. Ao passo que na Índia, como na Grécia Antiga, até mesmo os deuses estão nus, sexuados, amorosos; como Vishnu, aqui, em seu templo erótico! Por que em minha religião Alá expulsa do paraíso Adão e Eva, condenando-os à errância em uma terra árida? Somente porque eles tomam consciência de sua nudez?

Vai-te daqui!

Com o dedo indicador apontado para a terra árida, o anjo expulsa Adão e Eva do Jardim do Éden.

Alef como Adão,
He como Hava

Meu nome é Eva, nascida no Começo, no Éden. Nasci depois de Adão, ao que parece, e de suas costelas, ou, para ser mais precisa, do lado de seu coração, talvez mesmo de seu coração. Eu sou a carne de sua carne.

Nasci porque o Eterno apercebeu-se que Adão estava sozinho, perdido e, talvez, exausto, triste. Mas de onde vinha sua tristeza, perguntava-me, ele que não conheceu antes de mim nem o amor, nem a família, nem a amizade, nem a solidariedade... para sofrer da solidão?

Por que compete a mim lhe trazer a alegria?

E como?

Eu também não tinha atrás de mim uma vida para dela me lembrar, e com ela me regozijar.

*Também não conhecia o amor para dele fruir,
nem a feiura para admirar a beleza,
nem a guerra para apreciar a paz...*
Chegava mesmo a ignorar a morte para poder me encantar diante da vida.
Eu era incapaz de dizer se vivia feliz ou infeliz no Éden.
Pois não conhecia outra terra de origem senão o Éden.

Como disse muito tempo depois um de meus filhos, nomeado Santo Agostinho:
"De onde nos vem essa noção de felicidade? Se ela reside em nossa memória, é porque fomos felizes outrora."

Nada nos faltava, nem a Adão nem a mim, porque ignorávamos tudo.

*Mas,
um dia,
passeando pelo jardim, vi uma árvore muito diferente das outras, com frutos que eu não havia ainda*

experimentado. Dela me aproximei para colher um, mas a voz de Adão proibiu-me de fazê-lo:

— Se comer do fruto da árvore do conhecimento do bem e do mal, você morrerá!

— Morrer? O que é morrer? — perguntei, e ele não soube me responder. Perplexa, recuei. Um assovio, que vinha do pé da árvore e subia em direção dos galhos, fez diminuir meus passos... E então surgiu a cabeça de uma serpente, ela subia para chegar até mim e dizer-me:

— Vocês não morrerão; mas Deus sabe que, no dia em que comerem do fruto, seus olhos se abrirão e vocês serão como deuses que conhecem o bem e o mal.

— O que é o bem? O que é o mal? — ambos não souberam me responder. Colhi, então, o fruto da árvore proibida, dele comi um pedaço. Repentinamente, tudo se me apareceu diferente, as árvores, os animais, o céu... E mesmo Adão, que esperava ver-me morrer. Vendo-me maravilhada, aproximou-se de mim.

— O que você fez? — perguntou-me ele, temeroso. Estendi a ele o fruto, que se recusou a pegar.

— Vai, come! Não há o que temer! É belo! Você é belo! Vejo seu corpo. Seu corpo, seus ombros, seu torso, seus quadris, seus músculos, seu... — que não sei nomear — ... são todos diferentes dos meus.

— Dos seus?

— Você nada vê. Você é como cego. Vai, come!, e você verá como sou. É maravilhoso ver um corpo.

E ele comeu do fruto. Seus olhos, como os meus, descobriram as coisas de outro modo. Tão maravilhado quanto eu, colocou sua mão trêmula, temeroso, sobre meus seios. Não eram as trevas sobre a superfície do abismo, mas a luz sobre a água. Estávamos mais nus que a água, mais quentes que o sol. Que estranha sensação. Não tínhamos palavras para defini-la. Mais tarde, muito mais tarde, nossos filhos a definiram: era a vertigem! Minha mão escorregava sobre o corpo de Adão, descia entre suas coxas. Seu membro entre minhas mãos crescia, erguia-se; eu queria beijá-lo, mas, subitamente, a voz do Eterno ressoou no jardim; Ele chamava Adão. Segurei a mão de Adão, puxei-o para trás das árvores. Nossos corações batiam. Eu os ouvia. Batiam de medo e de desejo. Nossos corações batiam...

Deitando-me nas gramas frescas, tive uma intensa sensação que me cortou o fôlego. Era a primeira vez que minha pele abraçava a terra. Era também a primeira vez que experimentava prazer em sentir o peso do corpo de Adão sobre mim. A umidade entre minhas coxas acariciadas pela mão de Adão...

— Adão! — a voz do Eterno ressoava infinitamente, e isso excitava-me ainda mais. Abraçava Adão cada vez mais contra mim. O suor sobre nossos corpos rivalizava com as águas dos quatro rios do Éden.

Era a vertigem da liberdade.

— Onde estás, Adão? — o Eterno não nos podia ver! — Ele deveria ter comido de um fruto da árvore do conhecimento para nos encontrar — sussurrei no ouvido de Adão, com um riso abafado.

— Onde estás, Adão?

— Eterno, estou aqui. Ouvi tua voz, e tive medo — respondeu Adão com uma voz inexpressiva.

— Por quê?

— Porque estou nu, e escondi-me.

— Quem disse a ti que estás nu? Comeste do fruto da árvore que eu te proibira de comer?

Um silêncio.
Arrependimento.
O desprezo.
Adão afastou-se de mim para dizer covardemente:
— A mulher que tu colocaste junto de mim me deu o fruto da árvore, e dele comi.
— Por que fizeste isso? — perguntou-me Deus. Levantei a cabeça para responder:
— A serpente seduziu-me, e eu comi do fruto — e escondi-me novamente atrás da árvore, jogando-me nos braços de Adão, que tremia de medo. Ele rechaçou-me ao ouvir a voz do Eterno que nos convocava, a Adão, a mim e à serpente.

O Eterno Deus dirigiu-se inicialmente à serpente: "Já que fizeste isso, tu serás maldita entre todo o gado e entre todos os animais dos campos, tu andarás sobre teu ventre, e comerás poeira todos os dias de tua vida. Eu colocarei inimizade entre ti e tua mulher, entre tua posteridade e a posteridade de tua posteridade: esta última esmagará tua cabeça, e tu ferirás teu calcanhar."

Em seguida, Ele voltou-se para mim: "Aumentarei o sofrimento de toda gravidez tua, tu parirás com dor, e teus desejos se dirigirão a teu marido, mas ele te dominará." Em seguida, após um demorado olhar, Ele disse a Adão: "*Pois que escutaste a voz da tua mulher, e que comeste da árvore a respeito da qual eu havia dado aquela ordem — 'Dela tu não comerás!' — o solo será amaldiçoado por tua causa. É com muita dificuldade que dele retirarás teu sustento todos os dias de tua vida, ele produzirá para ti espinhos e urtigas, e tu comerás o mato dos campos. É com o suor de teu rosto que comerás pão, até que voltes para a terra, donde foste pego; pois tu és pó, e voltarás ao pó.*"

Depois nos fez roupas de pele, e no-las deu. E expulsou-nos do jardim, dizendo que havíamos nos tornado como Ele, para o conhecimento do bem e do mal, e que precisávamos doravante impedir de avançar nossas mãos, de pegar da árvore da vida, dela comer, e de viver eternamente.

Exilamo-nos assim no leste do Éden.

Fui eu, Eva, quem, ao transgredir o interdito, desafiou Deus.

Sim, fui eu, Eva, quem preferiu a terra ao paraíso,
a gnose à prisão,
o desejo à apatia,
a errância à morada,
o exílio ao Éden,
a humanidade à divindade...

E assim, no imaginário abraâmico, isto é, judeu-
-cristão-muçulmano, a humanidade criou-se em exílio sobre terra.
    E isso graças a Eva.
    Sem ela, teríamos permanecido ignorantes.
    Sem ela, teríamos vivido sem desejo de amar.
    Sem ela, teríamos perecido no paraíso.
    Sem ela, estaríamos sem alhures...
    Quanto desespero!

Eros

O jovem afegão — que eu era — ainda está lá, de pé como *alef*, diante do templo de Lakshmana. Aqui, os deuses têm um rosto, um corpo, um sexo, desejo... Não somente são o amor, mas também fazem amor e, mesmo, melhor que os seres humanos! Quanta fruição em acreditar nos deuses que amam, nas deusas que desejam, que nunca condenam seu corpo à incerteza, ao sofrimento!

Aqui, o corpo é uma sublime linguagem do desejo, erótica e espiritual!

O jovem afegão toma consciência do adágio que via caligrafado em seu país nos para-brisas dos carros:

O amor não é um pecado!

E ele igualmente compreende a exaltação dos poetas místicos persas em relação a Alá, descrito, venerado, elogiado como uma mulher bem-amada. Uma concepção platônica? Sem dúvida.

Mas também...

Ele sabe que a literatura mística persa é muito influenciada pelo budismo. Que sua cultura tem raízes greco-budistas, bem conhecida sob o nome de Gandara. Sim, é nessas duas civilizações que os deuses fazem amor, que são humanos, demasiado humanos. O amor é a causa das causas, dir-nos-iam os místicos como Iqbal, o poeta paquistanês, que responde a Shakespeare:

Ser ou não ser, eis a questão
É o amor que me ensinou que eu existo

Tânatos

.

Imaginem, em seguida, o mesmo jovem diante da grandeza do mausoléu do Taj Mahal, um monumento como prova de amor que o imperador mongol Shah Jahan fez construir em memória de sua esposa Arjumand Banou Begum, falecida em 1631. Ela repousa aqui, no coração desta obra-prima arquitetônica que combina as artes islâmica, persa, otomana, indiana e italiana. De uma brancura etérea, este mausoléu é decorado com vinte e duas passagens do Alcorão em árabe, caligrafadas com pedras negras, magistralmente incrustadas no mármore. Nenhuma imagem de ser humano, nenhuma escultura está presente. Abstração absoluta, exceto os motivos florais. Aqui, a divindade é sem rosto, sem corpo, sem sexo, sem desejo... A única mimese que pode ser encontrada neste edifício é o reflexo do jardim celeste, como ele é descrito pelo grande místico árabe Ibn Arabi, em seu livro *As iluminações da Meca*, e sugerido por aquele verseto do Alcorão que embeleza o pórtico da entrada do mausoléu como que para acolher devotamente os visitantes:

Ó alma apaziguada! Volta para teu
Senhor satisfeito e agregado! Entra para
meus servidores! Entra em meu paraíso!

Que desafio para construir sobre terra a obra celeste de Deus, um paraíso para os mortos!

༄

Entre essas duas maravilhas do mundo, o jovem afegão vê diante de si abrirem-se duas vias distintas:
Uma convida a conhecer a divindade através da vida; a outra, através da morte.
Uma torna visível a Verdade; a outra a deixa invisível.

É então que ele compreende o sentido daquelas duas anedotas frequentemente ouvidas em seu país e na Índia:

Uma noite, todas as borboletas do mundo reuniram-se ao redor de uma vela para explicar umas às outras o segredo de sua atração pela chama da Verdade. Uma se levantou, voou, deu a volta em torno da vela e voltou para exclamar:

— Porque é luz!

Uma segunda fez o mesmo caminho e falou:

— Porque é quente!

Uma terceira:

— Porque dança, como nós!

Uma quarta:

— Porque é efêmero, como nós!

Uma quinta,

Uma sexta...

Enfim, cada uma teve sua própria interpretação. Com exceção da última, que se jogou na chama e morreu. Todas as outras então se disseram:

— Aí está a única que compreendeu por que, mas ela levou o segredo consigo.

Em seguida, esta outra, uma velha lenda indiana:
Houve um tempo em que todos os seres humanos eram deuses, todos seguravam a Verdade divina na mão. E dela abusavam. Brahma, o mestre dos deuses, não apreciou nem um pouco a arrogância deles. Decidiu então retirar-lhes a Verdade e escondê-la em um lugar que lhes seria inacessível. Mas onde?, interrogou Ele os deuses menores.

Um propôs:

— Enterremo-la!

Brahma refletiu, em seguida disse:

— Eles cavarão a terra e a encontrarão.

— Escondemo-la no fundo do oceano!

— Eles explorarão um dia as profundezas dos mares e acabarão por encontrá-la.

Desesperados, os deuses menores concluíram que não haveria parte alguma nesta terra para escondê-la. Brahma então disse:

— É preciso escondê-la o mais profundamente neles próprios, pois é o único lugar onde os homens nunca pensarão em procurá-la!

Meu jovem afegão preferiu buscar a Verdade no fundo de si mesmo e em sua vida terrestre, mais do que conhecê-la nos céus, após sua morte — uma busca incerta, quase inútil!

Entretanto, há algo de sublime que o fascina neste templo de Tânatos. Alguma coisa que nada tem a ver com a carga teológica do lugar. Ela forçosamente reside na coerência estética entre sua concepção, sua arquitetura, seu meio, sua história, sua matéria, suas cores, suas caligrafias... E tudo isso graças a uma perfeita simbiose de diferentes artes, oriundas de diferentes civilizações.

Do mesmo modo que os jogos e as jogadas geopolíticos as separam, a arte as reúne.

Ele deixa, pois, o mausoléu prometendo-se não mais pertencer a política alguma, a religião alguma. Ele gostaria de gritar aqueles versos que seu pai atribuía a Rumi:

> *Setenta e duas nações ouvirão de*
> *nós seu segredo*
> *Nós tocamos a ária de duzentas religiões*
> *em uma única nota de* nay

Foi essa a minha promessa de juventude. Mesmo assim, isso não me impediu de conhecer as religiões. Pelo contrário, ela abriu-me outra via para melhor apreendê-las. Com distância. E sem dogma.

Não buscava mais ali uma verdade, mas um segredo, aquele que engendrou toda divindade, toda crença, e que reside, desde a noite dos tempos, em nosso âmago.

Ele está aí,
no coração de nossos temores,
no limiar de nossas dúvidas,
no abismo de nossas falhas...
Ele aí está para me fazer dizer:
Sou budista, porque creio em minha fraqueza.
Sou cristão, porque confesso minha fraqueza.
Sou judeu, porque rio de minha fraqueza.
Sou muçulmano, porque combato minha fraqueza.
E sou ateu, se Deus é todo-poderoso.

Não sou senão uma letra

A que civilização eu pertenço?

A todas, mas sobretudo àquela que me empresta suas letras. Pois o que quer que eu faça, aonde quer que eu vá, no que quer que eu me torne, *eu sou o que eu escrevo, o que eu leio, o que eu vejo!*

E não vejo senão letras.

Roland Barthes dizia que ele tinha uma doença, *ver por todos os lados a linguagem.*[11] Como o sábio no Veda[12] dos hindus que "vê a palavra".

Eu, que não tenho, infelizmente, nem a inteligência de um, nem a sabedoria de outro, não vejo senão letras.

Letras que surgem na sombra de meu corpo, na silhueta de uma mulher etérea...

Letras à janela de meu ateliê, na brancura de suas paredes e de suas cortinas.

Letras nas rochas rebeldes das montanhas.
Letras nas águas turvas, nas nuvens errantes, em cada gota de chuva...
Letras na pele da terra, em suas entranhas...
Letras, letras, letras...

Sim, sou ainda esta criança, *infans*, que se põe repentinamente e com zelo a aprender, a falar, a ler, a escrever, e que sempre contempla as letras e brinca com elas, como Jeová antes da criação do universo, contada naquela narrativa de Rev Hamounena, o Antigo.

Eu nasci no verbo. Religiosamente. Socialmente.

Por mais que tente escapar, dele não posso me desfazer.
Eu retorno ao verbo, como para retornar ao meu país de nascimento.

A chave perdida dos sonhos

Eu arranco todas as fotos e todas as pinturas que cobrem a parede de meu ateliê. As muralhas de meu antro são doravante tão brancas quanto a extensão da terra de exílio.

Eu guardo todas as minhas anotações e meus livros. O exílio não se escreve. Vive-se. Vive-se uma única vez, como uma experiência originária que se revela e me revela na única via que é aquela da criação.

Donde minha obsessão por uma história bem conhecida de uma figura lendária árabe-muçulmana, Mullah Nasrudin. Uma personagem errante por excelência, que encarna a um só tempo a tolice, o cinismo e a sabedoria da humanidade. Ninguém sabe dizer de onde ele vem, para onde vai, quando nasceu, quando morreu... Cada povo o integra à sua História, à sua cultura, segundo os contextos políticos e religiosos.

Essa história, eu a conto a cada vez que me perguntam por que escrevo, por que faço filmes que se passam em minha terra natal:

*Um dia, em uma ruela, Mullah
Nasrudin procura alguma coisa sob
um lampadário. Um transeunte aproxima-se e
pergunta a ele:
— Mullah, você perdeu alguma coisa?
— Sim, perdi as chaves de minha casa.
O transeunte põe-se, ele também, a procurar.
Trabalho perdido. Nenhum traço das chaves.
Volta-se para Mullah para perguntar:
— Você está certo de tê-las perdido aqui?
Muito sereno, Mullah Nasrudin responde:
— Não, eu as perdi em minha casa.
— Mas, então, por que você as procura aqui?
— Em minha casa não há luz,
retorque Nasrudin.*

Inspirada, ao que parece, em um conto indiano, tornada, até mesmo no Ocidente, um número de palhaço, essa historieta reflete meu destino e o de todos os exilados. Meu país soçobrou no terror da guerra, no obscurantismo, e lá perdi as chaves de meus sonhos, de minha liberdade, de minha identidade...

Deixei-o assim na esperança de encontrar minhas chaves lá onde há luz, liberdade, dignidade... mesmo sabendo que nunca as reencontraria.

Toda a criação em exílio é a busca permanente dessas chaves perdidas.

O *alef* é igualmente essa chave imaginária, ou, antes, *imaginal*, segundo o termo de Henry Corbin[13]; uma chave que me abre a via para aceder aos livres campos da criatividade e da escritura.

Uma via que religa

meu corpo errante à minha terra perdida,

meu inapreensível presente a meu passado inacabado...

Uma chave identitária.

Uma identidade de tessitura e de mestiçagem.[14]

A tessitura de diferentes artes.

A mestiçagem de diferentes culturas, de diferentes religiões, de diferentes línguas...

Não sei mais separar do exílio nem minha identidade, nem minha criação. Mesmo se regresso a meu país de origem depois de dezoito anos de exílio.

Estamos em janeiro de 2002. Reencontro minha terra natal indignada sob o chicote do exército das trevas, os talibãs; depois de ter sido ferida sob as botas vermelhas do exército soviético; destruída pela guerra civil, pelo ódio, pela vingança.

Nessa terra não me reconheci.

Minhas chaves imaginárias, criadas no exílio, não abriam mais a porta de minha casa de infância.

Haviam mudado suas fechaduras?

Tinta, luz, errância...

Acaso do calendário. Hoje, 30 de março de 2015, é minha trigésima primavera em exílio.

Sento-me à hora de minha solidão noturna numa *brasserie* parisiense.
Corpo, incerto.
Pluma ressecada e suspensa sobre a página em branco. Ainda nenhuma palavra para encarnar os instantes de uma vida censurada, a esperança de um renascimento sonhado.

O exílio, uma palavra que me esforço para definir para a atendente, uma mulher magnificamente italiana:
"EXÍLIO, está tudo dito em suas raízes. Que ele venha de *essil*, que significa devastação, destruição... ou de *exsolo*, fora do solo, arrancado do solo, trata-se

de um estado, de um movimento de separação em relação a seu espaço vital. Mas não qualquer um. Esse espaço é a terra de origem, onde nasci; é a cidade onde descobri minhas referências, o céu, as montanhas, as ruas, a sociedade... é a casa onde brinquei, chorei, ri, gritei, onde nomeei o mundo..."

A atendente me ouve, de pé diante de mim, peito cheio de orgulho, no qual bate com sua mão carnuda. Diz-me: "Meu solo é meu corpo!"

Ela não conhece Ovídio. Nunca leu suas cartas do exílio. Mas sabe, como ele, dizer que o exílio é *deixar seu corpo atrás de si, um corpo dilacerado, despedaçado* do qual se apodera o terror político, religioso, sexual...

Há trinta anos, chegado como refugiado na França, pedi asilo cultural, e não político.

Cultural, porque já não mais me reconhecia nem na ideologia comunista de meu irmão, nem na fé muçulmana da resistência.

Sempre estive alhures.

Exausto com a guerra.

Fora do Verbo.

Deixei-me, pois, *domar pela imagem*, porque era incapaz de escrever em francês.

Escrever em persa, para quê? Aliás, para quem?, perguntava-me. Péssima questão!, retorquiu-me a vida, alguns anos mais tarde.

Portanto,
tornar-me cineasta, eis doravante minha vocação no exílio da língua, na terra de asilo da imagem.

Inicialmente, fazer publicidade, colocar armadilhas entre cada plano. Cinicamente.

Em seguida, realizar documentários, enquadrar o mundo para captar o real. Inutilmente.

Enfim, fabricar filmes de ficção para não morrer com a realidade. Ingenuamente.

Durante muito tempo.

Muitos sonhos.

Menos graça do que ira.

E tão poucas obras!

Seja como for, na criação desastrosa com a imagem é o verbo que me captura e me salva.

Meu compatriota Gabriele Mandel Khân[15] sopra para mim:

As letras estão carregadas de uma energia transcendente [...]. Conhecer os valores das letras do alfabeto é conhecer a essência divina do universo sensível; e a estrutura mesma desse universo encontra-se nas letras do alfabeto, pelo qual e graças ao qual, no final das contas, todo pensamento se forma, e, pois, toda consciência humana.

Um dia, pois, escrevi um livro, com o coração em luto por meu irmão morto na guerra, *Terra e cinzas*.[16] P.O.L. publicou-o, sem me dizer grandes coisas, a não ser: "*Por detrás do texto há alguém que acredita nas palavras.*"

Acredito eu realmente nas palavras?
Talvez.
Mas certamente não como minha mãe, nem, aliás, como Victor Hugo, repentinamente evangélico, para repetir que "*a palavra é o Verbo, e o Verbo é Deus*".

Se acredito nas palavras, é porque Deus nasceu no verbo, pelas palavras.

Essas palavras que me permitem afirmar minhas dúvidas.

Essas palavras que me dão confiança em minhas dúvidas.

Sim, acredito nas palavras. Como acredito no homem, em seu corpo, em suas sensações, em seu desejo, em sua fragilidade... neste homem que Rumi define como *um livro*: "*Nele, todas as coisas são escritas, mas as obscuridades não lhe permitem ler esta ciência no interior de si mesmo.*" Ou como Lipidevi — o avatar da célebre Sarasvati, deusa indiana da Palavra, da Música e do Conhecimento — que tem, segundo os mantras Sarada Tilaka, o corpo tramado de *lipi*, letras, e que se senta ao pé de uma árvore feita ela também de letras.

Se me voltei para a caligrafia é talvez para sublimar, venerar, implorar pelas palavras.

Sublimá-las,

venerar,

implorar...

para que elas voltem.

Mas há também outras razões. Mais práticas. Menos espirituais.

Inicialmente, para fazer dedicatórias em meus livros. Porque não sabia o que colocar como frase, a não ser os nomes dos leitores. Não gostava de cometer erros. Para completar, eu tinha, em francês e em persa, uma escrita feia, sem singularidade alguma.

Voltei então à caligrafia, à caligrafia persa, para felicidade de meus leitores que gostavam, e gostam ainda, de ter uma palavra ou um verso escrito cuidadosamente em minha língua. Uma maneira de partilhar alguns segundos a mais com eles para conversar e falar de minhas raízes, de minha cultura...

Sim, são as sessões de autógrafos que me reconciliaram com a caligrafia, pela qual voltei a frequentar cursos, a reencontrar calígrafos, a ler e a explorar outras vias, em outras culturas...

Meus exercícios eram muito discretos, íntimos, instintivos, como um amador (que sou), sem pretensão artística alguma.

A galeria dos corpos

Um dia, a galerista Anne-Dominique Toussaint veio a meu ateliê. Ela selecionava minhas fotos para expô-las em sua Galerie Cinema; as fotos que eu havia realizado pesquisando locações no Afeganistão e na Índia para meus filmes, *Terra e cinzas* e *Kabuliwala*. O primeiro é uma obra de luto; o segundo, uma obra de exílio.

Ao legendar minhas fotografias, percebi que essas imagens tinham igualmente necessidade de palavras para serem contadas, compreendidas, e para existirem.

Terra e cinzas, sequência afegã, Keilagay 2003

O céu está longe,
sem extensão,
do outro lado da Terra.

Em minhas montanhas natais, que queimam,
um caçador de luz,
mais perdido do que eu,
busca o sol nas águas que
faltam nas fontes.
Eu estou lá,
no contracampo, nos vales do
Hindu Kush,
e exausto por não mais saber enquadrar um velho
homem
— que se pergunta se ele está
no começo ou no fim da Terra —,
e seu neto — que não sabe se é
surdo ou se o mundo se calou —
para fazer um filme sobre ele, Terra e cinzas.

"Silêncio, filmando!"
Eles se calam.
"Ação!"
Eles se protegem.
"Corta!"
Eles esperam.

*Eles esperam as nuvens... as belas
nuvens.*

Kabuliwala, sequência indiana, Calcutá 2007

*O céu lá está,
abaixo de meu quarto,
no fundo de um lago,
na mesma dimensão de minha janela.
Um homem,
mais nu do que eu, busca o segredo de seu
corpo no espelho sem estanho das águas.*

*Eu estou lá,
fechado há uma eternidade em um
quarto de hotel,
esperando uma voz, uma assinatura para
ser autorizado a carregar
minhas palavras em imagens,
meus sonhos em filme:* Kabuliwala, o homem
de Cabul em Calcutá.
Um corvo pendura-se, como minha esperança, no

galho de uma árvore,
como que para dar à minha solidão
sua cor,
seu grito.
E antes que eu diga: "Silêncio,
filmando!"
Um trovão esbraveja: "Está chegando
a monção!"

A chuva levará tudo,
até mesmo meus invisíveis sonhos inacabados.

☙

Enquanto contava a ela minhas infelicidades e comentava minhas fotos, a galerista pousava um olhar perdido sobre o magma dos papéis que cobriam selvagemente quase todo o chão do ateliê.

— O que é tudo isso? — perguntou-me ela. — Caligrafias?

— Não, são calimorfias[17], letras antropoformes — retorqui, como que para pronunciar um chiste.

— Elas têm relação com seus filmes?

— Sim. Eu retraço com letras as imagens que malograram em meus filmes!

Ela riu. Decidiu expô-las.

Meus traços eram, eu disse, uma obra interiorizada, íntima, criada no abismo das palavras. Sem objetivo artístico algum.

Cada traçado era a marca das letras errantes e dos seres ausentes.

Cada calimorfia carregava
o grito de meus desejos,
o silêncio de meus sonhos,
a voz de minha desesperança...

Eu as exporia, colocar-me-ia a nu, mais a nu que meus corpos calimórficos.

Mas o que dizer de cada palavra em cada um de meus livros, de cada fotograma em cada um de meus filmes? Não carregam eles as mesmas perturbações?

Sim, mas com aquela diferença substancial que existe na apresentação dessas obras. Um livro, para se encontrar nas mãos dos leitores, ou um filme, para ser projetado sobre a tela, atravessa toda uma série de procedimentos de fabricação que me põe à distância da obra. O que se lê e o que se vê não são senão cópias. Enquanto aqui, na galeria, minhas calimorfias expõem impudicamente ao público essa folha que traz as marcas que despreocupadamente deixaram meus dedos maculados de tinta. Cada traço é minha *matrika*, meu *alef*, meu sopro... produzidos pela gestualidade de minha mão, no movimento de todo o meu corpo. Os traçados são mais carnais e existenciais do que metafísicos. Com os corpos calimorfiados, exponho meu próprio corpo, meu corpo como uma mácula, uma mácula que se oferece doravante aos outros, que se vende, que não mais me pertence... Experimento repentinamente uma violência surda que em mim reaviva minha angústia infantil. Não. Não infantil. Maternal, antes.

Letras de espírito

Originário de uma religião de livros, criança de letras — mas convertido ao culto das imagens e tornado esteta à força —, redescubro a caligrafia por ocasião de minha errância nos vales labirínticos das religiões.

A caligrafia é uma arte sagrada porque nasce de textos sagrados.

Não pude descobrir calígrafo que pudesse dissociar seu trabalho caligráfico de sua busca espiritual.

O grande calígrafo iraquiano Ghani Alani está convencido de que *"não se pode ser calígrafo se não se tem uma relação de intimidade com o Alcorão e com as tradições proféticas"*. Uma premissa que mesmo Koichi Honda, magnífico artista japonês, especialista em caligrafia árabe, aprova e põe em prática.

Quase todas as suas obras, dentre as quais a famosa *Pirâmide das preces*, são compostas de versetos do Alcorão. A tudo ele vê como o místico persa do século XV, Rajab Borsi:

As significações das letras estão na inteligência, suas modalidades sutis estão no Espírito, suas formas estão na Alma, suas marcas estão no Coração, sua força enunciativa está na Língua, seu segredo configurador na Audição.

Eu encontro a mesma dimensão sagrada no artista francês Frank Lalou, assombrado pelos textos judaicos. Ele confirma que a razão mais evidente de seu apego, mesmo que tardio, à caligrafia hebraica deve-se à sua leitura do Evangelho e dos textos judaicos. Ao ler e ao caligrafar esses textos, ele participa "*dos gestos de milhares de escribas judeus que hoje caligrafam a Bíblia, mas também de milhares e de milhares de outros escribas que nos precederam. É perpetuar uma gestualidade que nos ultrapassa, uma tradição que nos inunda [...]. É o peso dessa transmissão que faz com que aquele que pratica regularmente a caligrafia e, em particular, a caligrafia hebraica, descubra ou redescubra em si mesmo elementos que são da ordem do mistério, e atualize energias acumuladas desde milênios".*

Eu continuo minha viagem aos países do Levante, longe da visão abraâmica da arte.

Na China, a caligrafia é em si uma religião, uma espiritualidade, porque o artista, segundo o grande mestre francês François Cheng[18], "*procura atingir o imenso pelo ínfimo e por isso dar uma presença ao invisível*".

Ou, como confessa Fabienne Verdier[19] em sua entrevista com o sábio Charles Juliet[20], é praticando a caligrafia chinesa que ela aprendeu a pintar "*a não existência das coisas*".

A cada um sua visão da presença.
A cada um seu ser invisível.
É absurdo pedir a um indiano que nos mostre seu Deus; ele responderia: "Mostre-me onde Ele não está."

Letras sobre a areia

Todo ser, toda cultura, toda realidade, para poderem existir na História, precisam ser contados. Ser contados por palavras. Mesmo Deus, que é o Verbo, foi ele próprio criado por palavras.

E as palavras?

Eu tenho sempre a impressão de que são concebidas, como os seres, durante as noites. Por medo ou por desejo. Elas nascem para dar presença aos seres e às coisas desaparecidas no volume negro das grutas. Ou para tornar tangível sua ausência.

E é na solidão que cada palavra se torna signo, a marca do ausente, o nome do corpo desejado, a expressão de um estado invisível.

Digo isso mesmo sabendo que as origens de uma palavra são tão misteriosas quanto a invenção dos deuses, quanto a presença da humanidade sobre esta terra, quanto o meu nascimento.

Apenas as palavras sabem dizer como nasceram, por que elas ali estão.

Cada palavra nasceu inelutavelmente em alguma parte, em certo tempo, de um ser vivo. Ela carrega em si a narrativa, a memória, o sopro, a carne, o sangue... de um ser, de um povo, de uma civilização... e, pois, da humanidade.

Há uma lenda árabe segundo a qual Deus, ao lançar um punhado de areia no vento do deserto, criou o cavalo; e o cavalo ali traçou uma caligrafia em caracteres árabes.

Com exceção dessa origem lendária, a caligrafia não apenas embeleza as letras sagradas, como igualmente revela, à maneira da partitura musical, o ritmo salmódico do Alcorão. Donde aquelas letras por vezes alongadas, desamarradas, por vezes curvadas, enroladas, quadradas... que, com o passar do tempo, tornaram-se formas estilísticas.

Basta olhar na Biblioteca Nacional da França um dos primeiros exemplares do Alcorão, caligrafado no século IX. Sobre uma folha, amarela como a areia, as letras em estilo *kufi* dão-me a impressão de apreender os movimentos de um cavalo, o barulho de seus cascos, e seu infinito eco no deserto.

Os versetos são quase ilegíveis, não apenas por causa de suas formas caligráficas muito estilizadas e codificadas, mas igualmente pelo deslocamento dos pontos sobre as letras, ou por sua ausência. Tive dificuldade não apenas de ler, mas também de seguir os gestos do calígrafo. Mas, ao contrário, ouço uma voz salmodiando o Alcorão.

As letras são alongadas, estiradas, abstratas ao extremo, como se o chantre calígrafo fizesse uma performance a fim de sublimar a palavra divina.

É o caso, é fato; mas vejo igualmente nessa estilização a tentativa de abstrair a forma a ponto de torná-la ilegível, inacessível, incompreensível,

    pois a Verdade é...

        ...invisível!

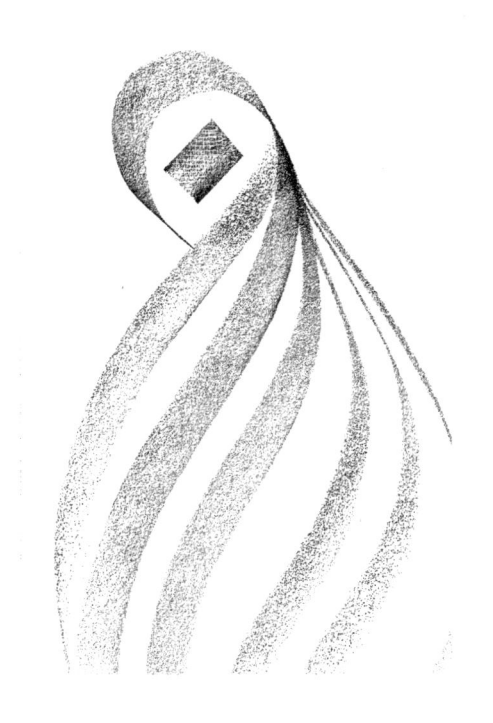

Outra particularidade da arte islâmica, de que tanto gosto, é que ela é uma arte de entrelaçamento. Essa característica, vejo-a como uma figura retórica e estética que anima tanto a caligrafia quanto a arquitetura. Posso mesmo dizer que ela é o *leitmotiv* estrutural de toda a literatura e de todo o pensamento filosófico da civilização árabe-muçulmana.

Ao contemplar qualquer monumento sagrado, ali encontro essa tessitura muito íntima não apenas entre a arquitetura e a escritura, mas igualmente entre os elementos decorativos e as letras, entre as próprias letras, e assim por diante.

Tudo se entrelaça, como em uma teia de aranha; e tudo se repete ao infinito como em um jogo de espelho.

Essa mistura, tão emblemática, inspira-se, entretanto, em uma anedota saída do Alcorão, a surata 29, *Al'Ankabut* — A Aranha:

Aqueles que tomaram protetores
fora do Alcorão assemelham-se à aranha
que se ofertou uma casa. Ora, a casa
mais frágil é aquela da aranha. Se
ao menos soubessem isso.

Expulso da Meca, Maomé, acompanhado de seu fiel Abu Bakr, parte para exilar-se em Medina, onde os muçulmanos o esperam. No deserto, perseguidos pelos inimigos, escondem-se em uma gruta. Quando os inimigos dela se aproximam para verificar se não estão ali dentro, percebem que uma pomba construiu um ninho diante do antro, e que uma aranha teceu sua teia no orifício; deduzem então que, se alguém tivesse entrado na gruta, ele teria rasgado a teia de aranha. E vão-se embora.

A partir dessa anedota, os artistas muçulmanos inventaram até mesmo o estilo *jali* — renda —, muito presente em arquitetura, particularmente para cobrir as janelas e os tetos.

O entrelaçamento, a deformação, a renda: ainda estamos em uma concepção formal muito ambígua da arte islâmica em relação aos temas e às personagens sagradas. Cobri-los, escondê-los, abstraí-los... seria para protegê-los ou para torná-los invisíveis como a inapreensível Verdade divina?

A poética do invisível

Eu creio no invisível. Claro, ele está aí, no branco entre duas palavras, no silêncio entre duas notas musicais, no negro entre duas imagens cinematográficas, nos intervalos entre dois movimentos de uma dançarina, entre dois sopros, dois batimentos de coração...

O invisível não é um ser ou um objeto misteriosamente imperceptível, como o espírito, a alma, os djins, os anjos, os deuses... Não sei mais o quê.

O invisível é a expressão poética do que está ausente, e certamente não inexistente. Ausente porque está alhures, ali onde não estou, ou não mais estou.

Ou, então, ele está no lugar onde não sei explorar: no âmago de mim mesmo.

Ou, ainda, ele permanece lá, aqui, diante de mim, mas são, como diz Rumi, as obscuridades que me impedem de percebê-lo. A menos que eu seja cego.

O que fazer dessa ausência?
Dissimulá-la?
Reproduzi-la?

Ou revelá-la?

Quantas dúvidas e incertezas.

Um estado de angústia que me condena à errância de uma terra a outra, de uma língua a outra, de uma arte a outra... Incansavelmente. Loucamente. À semelhança de meu eterno exílio.

Em meus livros, peno para dissimular a ausência com palavras e narrações.

Em meus filmes, busco com imagens e com simulacros reproduzir *o que falta em seu lugar*, para retomar a fórmula cara a Lacan.[21]

E, em minhas calimorfias, aventuro-me a revelar a figura ausente no vazio criado por ela em mim, em torno de mim, onde se perdem meus gestos, meu corpo, meu sopro... até minha substância individual, meu *atman*, que eu egoisticamente considerava permanente.

Esta ausência é a de minha mãe,
de minha terra,
de minha língua...

Um ganso, carregador de letras

A parede nua de meu ateliê perturba-me tanto quanto antes, quando estava coberta de fotos e de pinturas.

Cubro-a. Mas, desta vez, com as caligrafias dos grandes mestres chineses, árabes, persas, judeus...

Meus predicados:
Enquanto o calígrafo árabe buscava suas letras nos traços deixados pelo cavalo sobre a areia do deserto, o calígrafo persa do século XV, Mir Ali Tabrizi, teria sonhado com o imame Ali, o genro do Profeta, que lhe ordenava olhar os gansos em voo e tomá-los como modelos para inovar a caligrafia. E assim ele criou o estilo *nastaaliq*, também chamado *farsi* (persa). Inspirando-se da escritura pálavi e avéstica, que existia bem antes da chegada do Islã

no Irã, o escriba persa fez de cada parte do corpo do ganso uma letra. Uma maneira muito astuciosa de escapar do domínio da arte arábica. Protegendo-se detrás do nome do imame Ali, o calígrafo teria inventado aquele sonho para não chocar brutalmente as leis sacrossantas que eram impostas pelos estetas árabes, que então predominavam religiosa e politicamente na região. A invenção desse estilo mudou bastante a paisagem da escritura. Antes, a caligrafia era praticada de um modo geométrico e rigoroso. As letras tinham uma forma abstrata, rígida, estática. O estilo persa tornou-as mais sensuais, mais fluidas, mais poéticas... pois os persas caligrafavam poemas em vez de versetos do Alcorão.

Tornar legíveis, curvadas, corporais, carnais as letras sagradas, que desafio!

Intrigado pelo termo *nastaaliq*, aventuro-me a defini-lo. Esse estilo é uma combinação de dois outros, *naskh* e *Taaliq*. O primeiro, que significa "supressão", é uma escrita cursiva, flexível; o segundo, que tem "suspenso" como sentido, evoca a um só tempo o estado imobilizado do pássaro em pleno voo e a prática da escritura nas margens do Alcorão a fim de traduzi-lo em persa ou comentá-lo, como um escólio.

Que seja.

Mas por que um ganso?

Em razão das curvas de sua anatomia, sem dúvida.

E o que mais?

Pássaro selvagem, migrante, cujo voo anuncia a mudança das estações, o ganso é, antes de tudo, um mensageiro. Ele liga a terra ao céu.

No Extremo Oriente, em sua pintura e em sua poesia, o ganso é, antes de tudo, uma figura estética. Raras são as estampas japonesas em que esse pássaro esteja ausente. Ele é parte integrante dessa paisagem poética de charco e de caniços.

Nesta "civilização vegetal", segundo os termos do geógrafo Pierre Gourou, inventou-se o estilo caligráfico *ashid* (composto de *ashi*, caniço, e de *te*, mão); um estilo sublime, cujos caracteres são em forma de caniço e de traços de patas de ganso.

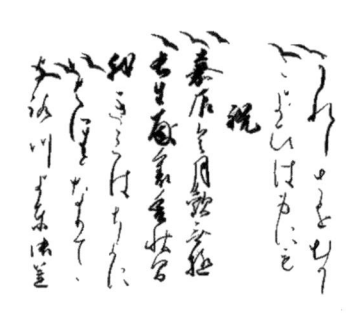

Nunca me canso de contemplar esta obra-prima da arte japonesa do século XII, *Wakan Roeishu*, uma coletânea de poemas chineses e japoneses para recitar.

Essas imagens, incrustadas como arquétipos em minha memória — não sei como, desde quando e onde —, sem dúvida me sugeriram, em meu livro *Syngué sabour*[22], os motivos recorrentes dos pássaros migratórios, imóveis em seu elã no céu amarelo e azul de uma cortina.

Calimorfa

A cidade ainda dorme.

Em mim,
uma falha se revela,
uma dúvida desperta,
uma pulsão impele-me a rasgar minhas calimorfias.

Meu corpo põe-se ereto para gritar: não-sou-calígrafo!
Jamais busquei *nos traços de Deus* letras sagradas.
Não sonhei com o imame Ali.
Nenhum cavalo no deserto de minha vida.
Nenhum ganso no céu de minhas noites.
Se realizo calimorfias, é para *me descondicionar*[23], como diz Henri Michaux:

Nascido, educado, instruído em um meio e uma cultura do "verbal"
Eu pinto para me descondicionar.

Apenas a mulher me sopra letras; e apenas a calimorfa borboleteia no antro de meus desejos.

A mulher vem visitar-me tarde da noite. Sem bater à porta. Sem barulho. Ela vem não para preencher minha solidão, mas para revelá-la. Ela surgiu do vazio. Com graça. Toma minha mão. Com ternura. Incita-a a tomar do cálamo, que ela mergulha no tinteiro. Em seguida, leva-a ao vazio do papel...

Etérea, mas terrestre, essa mulher é noctâmbula.

A calimorfa veio ao meu ateliê por acaso, um *acaso objetivo*, diria André Breton.[24]

Uma noite, durante a escrita deste texto, a palavra *calimorfia,* que é sempre sublinhada em vermelho pelo corretor automático de meu computador, não é mais assinalada como erro de ortografia. Teria eu feito uma manipulação para entrar no dicionário do sistema?
Procuro pela causa, sem sucesso.
Simplesmente esqueci o "i".

A calimorfa é uma borboleta migratória que voa dia e noite, de asas negras, com zebruras de linhas brancas — como uma obra calimórfica.
Colocada como uma tatuagem na coxa direita de Vênus no quadro *Vênus, Marte e Amor* de Piero di Cosimo, essa borboleta pinta a metamorfose da deusa, mas também o corpo nu e gracioso da ninfa divina.

Sim, isto é um corpo-letra calimórfica. Um corpo de mulher.

Esta mulher não é fantasmagórica, nem cósmica, nem metafórica.

Ela é inicialmente um estado. Um estado de desejo.

Ela é metonímica: um seio, um braço, as costas...

Ela é um signo que remete a ela mesma, e não à moda, aos catálogos, aos mitos.

Eu não busco corpos sagrados. Minhas incertezas e dúvidas religiosas afastaram-me de tal modo da divindade que hoje, nas letras, não sei contemplar outra coisa de sagrado senão o corpo humano. Como Antonin Artaud, tenho vontade de gritar ainda uma vez aquele poema que me guiou ao longo da escritura de meu romance *Syngué sabour*:

Do corpo pelo corpo com o corpo
desde o corpo até o corpo.

Letras do corpo

Se nunca tivesse viajado para a Índia e se não conhecesse a poesia mística persa, eu teria venerado Bellmer[25], suas bonecas e seu mentor, Sade. E faria minha sua definição do corpo humano, muito próxima daquela de Rumi:

> *O corpo é comparável a uma frase*
> *que nos convidaria a desarticulá-la para*
> *que se recomponham, graças a uma série*
> *de anagramas sem fim, seus conteúdos*
> *verdadeiros.*

Seus dizeres convencem-me enquanto o artista não me der a ver o que ele, como um "demônio de anatomista", aprecia perceber no interior dos corpos: um anagrama carnal, mas cadavérico, bom para as pulsões necrófilas!

Não gosto dessa apologia do sofrimento pela fruição, nem daquela da fruição pelo sofrimento. Essa visão sexual, veiculada pelos *ateus cristãos* — como aquela, com razão, criticada pelo hedonista Michel Onfray —, aniquila meu desejo.

Eu amo o corpo.
Eu amo o corpo como sujeito de desejo. E não como objeto de sofrimento — carne perecível. Nem, aliás, como uma mascote que não se deve tocar e que se deve conservar sob a *chadari*.[26] Também nenhum desejo para os *corpos utópicos*, como definidos por Michel Foucault.

Meu amigo filósofo, Ollivier (com dois "l", por favor), saudando Sartre, dir-me-ia: *"É porque não se deseja um corpo: deseja-se a liberdade que ele revela, sua liberdade em situação. Não o corpo, mas, antes, a silhueta. Não apenas a silhueta, mas a atitude. A situação, a atitude ou, ainda melhor, como o diz tão bem aquela palavra feita a um tempo de corpo e de alma, de estilo e de movimento: o porte."*

Em minha língua materna, há algo melhor como palavra, *djan*:

Quando olho minha imagem, uma estranha sensação apodera-se de mim. Volto a ser criança; não, criança não, mas um ser primitivo. Aquele que descobre pela primeira vez a sombra de seu corpo, ou seu reflexo sobre a superfície da água, bem antes do nascimento do espelho...

Sim, eu sou este homem selvagem que, inquieto e maravilhado, interroga sua imagem: "Quem é você?"
Donde surge essa questão?
De minha alma ou de meu corpo?
Nem de uma nem de outro.
Eu não sou corpo-e-alma.
Eu não sou apenas corpo, também não.
Nem a alma.
Nem o corpo da alma.
Nem a alma do corpo...

Eu sou *djan*.

Essa palavra não é um triste tropo, mas uma alegre lexia da língua persa. Ela desafia a dicotomia abraâmica ou platônica corpo/alma.
Ela é a sua única expressão.

O ser profano

A caligrafia é *a imagem da palavra sagrada*, segundo a expressão de Ghani Alani; mas eu não vejo ali senão a imagem do *djan*, do desejo de *djan* que minha religião consideraria como um ato profano. Um ato que se recusa a distinguir o corpo da alma.

Eis ainda uma razão pela qual meus dedos são desajeitados na arte sacramental da caligrafia. Meus dedos não sabem traçar as letras da divindade. E, quando se esforçam em tal escrita, as letras santas perdem-se no eros do corpo humano. Minhas caligrafias tornam-se calimorfias.

Aí está todo o mistério que tento compreender entre as letras e suas formas. Mal minha mão traça uma palavra e as letras desarticulam-se espontaneamente, metamorfoseiam-se, transgridem os códigos...

revelam na brancura de papel corpos invisíveis. Invisíveis porque ausentes face a meu desejo.

De onde saem essas letras, essas formas? Para compreendê-lo, voltei à caligrafia.

Leitura. Escrita. Exercícios...

Essas letras, que eu traçava por hábito, inconscientemente pois, vinham do estilo *nastaaliq*, um estilo límpido, sensual e nu de toda roupagem alcorânica.

Pois o corpo calimórfico é um corpo nu, nu e sábio, como diz Paul Éluard:

> *A nudez de uma mulher é mais sábia que*
> *o ensinamento de um filósofo.*

Nenhuma vestimenta étnica sabe cobri-lo. Ele é *ad vitam aeternam*, nu até mesmo sob um véu!

Uma roupa é a passagem do sensível ao significante, diz Barthes, parafraseando Hegel. Vestir um corpo é torná-lo social, étnico, político, religioso. Como a *chadari* das mulheres afegãs.

A nudez calimórfica não é, pois, nem histórica nem geográfica, mas poética. Ela revela-se *hic et nunc*, lentamente, discretamente, sob meu olhar que lê o corpo e contempla as letras, sem poder descobrir seus segredos. Emmanuel Hocquard diz:

A nudez permanece secreta mesmo se o corpo for desvelado.

O *djan* nu é um *corpo* universal.

A calimorfia desnuda a letra, ou, mais precisamente, desveste a língua, minha língua, o persa.

As letras não são mais ali signos gráficos abstratos para embelezar, ornar e sublimar a palavra de uma Verdade divina; ela "naturaliza" o arbitrário das letras e das palavras. Ela busca humanizar o sagrado, e recusa-se a sacralizar o humano.

Estou perturbado pelas fotos de Man Ray e, em particular, por esta obra. Perturbado pelo incômodo de ver no corpo de uma mulher a cruz, símbolo de sofrimento e de suplício! Embora essa violência sobre o corpo humano exista, eu prefiro o traseiro erótico às nádegas crísticas.

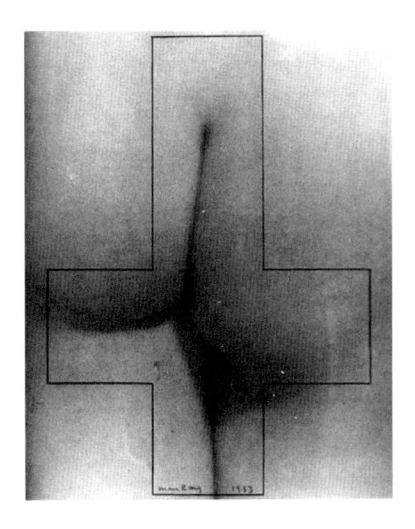

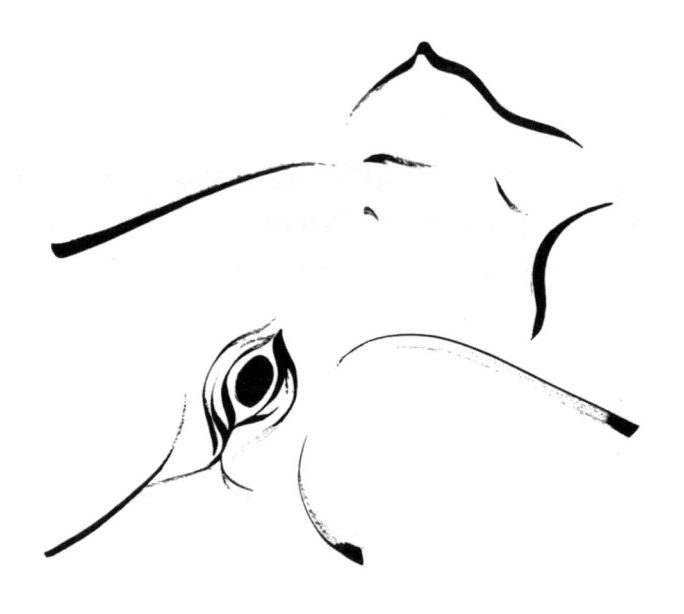

Sem glosa.

A mulher calimórfica

Amanhece.
No horizonte, nuvens púrpuras sem chuva.
Sob os tetos parisienses, o silêncio.
Medito sobre o que diz Victor Hugo:

> *A mulher nua é o céu azul.*
> *Nuvens e roupas fazem obstáculo à*
> *contemplação. A beleza e o infinito*
> *querem ser olhados em véus. Ao fundo,*
> *o mesmo êxtase: a ideia do infinito*
> *depreende-se do belo como a ideia do belo*
> *depreende-se do infinito. A beleza não é*
> *outra coisa senão o infinito contido em um*
> *contorno.*

Subitamente, ela está aqui, a mulher, em meu ateliê, na cama desfeita de meus desejos insones.

Ela dorme. Inocentemente.
Contemplo-a.
Ela está mais nua que a água,
mais evidente que a terra,
mais livre que o vento,
mais despreocupada que o fogo
e
mais etérea que o espírito.

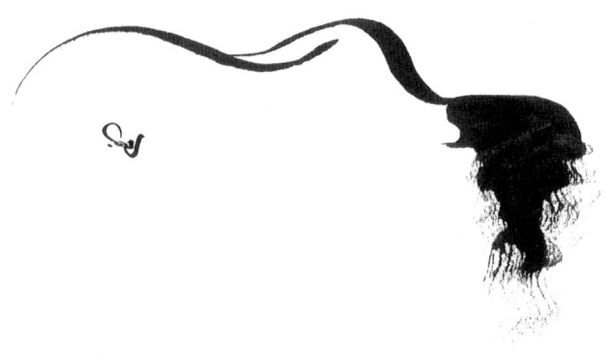

Ela está aqui há uma eternidade. Desde meu nascimento, diria eu. Ela seria minha mãe,
minhas irmãs,
minha filha,
minha esposa,

a mulher que eu teria amado,
que eu amo,
que eu amarei...

Eu não a toco. Ela é mais frágil que minha esperança. Mais volátil que meus sonhos.

É no sono que ela não sabe mais *separar sua alma de seu corpo*. Ela não é tão *simplista* quanto pensa Baudelaire:

> *A mulher não sabe separar a alma do corpo. Ela é simplista, como os animais. Um satírico diria que é porque ela não tem senão o corpo.*

Longe disso. Ela contém em si todas as letras da humanidade. Se não está na dicotomia abraâmica e platônica, é porque ela é *djan*.

É por isso que eu a amo.

Que ela está aqui.

Que eu a escrevo.

Que dela faço calimorfias.

Doze movimentos para inacabar

Prelúdio

Meu cálamo passeia, como que para seguir a errância de minhas palavras, o exílio de meu corpo.
Passeia de uma época para outra, de uma terra para outra...
Por vezes gritalhão, por vezes silencioso, ele é sempre movente.
Movente diante de corpos comoventes.
E ciente.
Ciente do perigo que enfrenta neste livro ao atravessar as fronteiras incertas entre a arte, a espiritualidade e a filosofia.
Um percurso iniciático para me ensinar que onde termina a filosofia começa a espiritualidade;

onde termina a espiritualidade começa a arte.
E a arte, onde ela termina?
Em lugar nenhum.
A calimorfia é a busca e a experiência desse inacabamento.

Meu cálamo calimórfico, o *nay*, contrariamente àquele dos calígrafos de outrora, não tem direito senão a uma única passagem pela letra. As letras deterioram-se, esvaziadas de tinta. Tornam-se corpos suspensos no vazio, em vertigem.

Meu cálamo não entra em competição com a natureza; ele não tenta fazê-la cair na armadilha da representação realista graças às astúcias da mimese.

Ele não se preocupa com a coerência perfeita entre o sentido e a forma, nem entre o corpo e o espírito, porque não crê mais em sua separação. Ele vê sentido e corpo até mesmo em uma página em branco.

O que o inspira são as infinitas possibilidades do corpo,
   do corpo em errância,
   e seus inesgotáveis elãs do desejo.

Primeiro movimento

As calimorfias são, inicialmente, formas arrancadas do corpo que se tornam traçados negros no vazio branco, de onde surgem as letras.
Esse corpo não tem rosto, nenhum.
É um corpo livre, que se escreve.

Tudo é corpo,
na instabilidade das letras.
Tudo é gesto,
no branco do vazio.
E tudo é ritmo,
no silêncio absoluto das palavras.
O corpo calimórfico é uma palavra muda, que clama.

Assim se encarnam os seres
em palavras.
E as palavras
em seres.

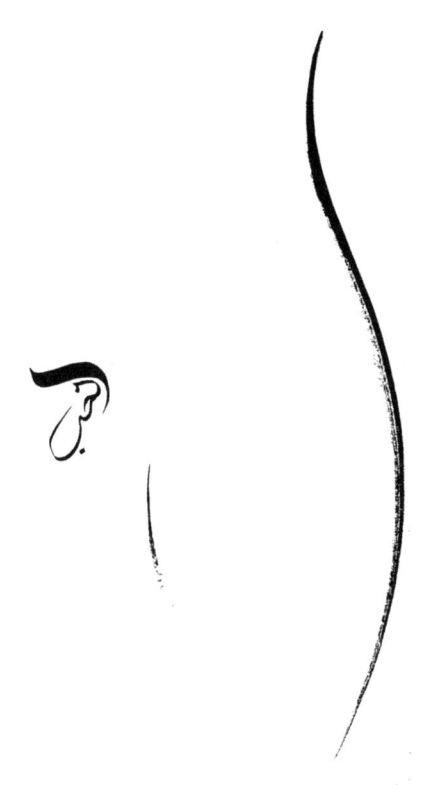

Alhob, o amor. Uma palavra árabe, cara a Ibn Arabi, como a todos os místicos.

É essa palavra que está tatuada sobre a pele, nas costas, nos quadris daquela mulher que vem me visitar à noite, tarde.

Por ocasião de uma exposição, um amante de arte, que acabava de adquirir essa calimorfia, perguntou-me por que aquela tatuagem, ela estraga tudo!

Ele não apreciava que aquela escritura perturbasse o corpo, que ela estivesse ali como um *elemento silencioso*, como os insetos nos quadros de *still life*, traduzido bizarramente em francês pelo termo *nature morte*.[27]

Para mim, esse motivo assemelha-se à imagem da calimorfia sobre a coxa de Vênus.

Em calimorfia, as letras revelam o corpo, e o corpo, como o desejo, desnuda as letras. Eu compreendo o que dizia Sartre:

> *O desejo é uma tentativa de despir*
> *o corpo de seus movimentos, assim como de suas*
> *roupas, e fazê-lo existir como pura*
> *carne; é uma tentativa de encarnação do*
> *corpo de Outro.*

O corpo calimórfico, como o livro, é a terra prometida das letras errantes.

Segundo movimento

A calimorfia é mais musical que pictural, mais coreográfica que gráfica. É o ritmo dos gestos, e o gesto dos ritmos.
A calimorfia é a dança do corpo a partir da música das letras.

No elã dos corpos, meu cálamo dança.
De seus traços, surge um entrelaçamento
entre seres e letras,
entre eros e espírito,
entre prazer e desejo.

Aplico ao pé da letra o dizer de Rumi, quando ele define o ser humano como uma frase. Busco inicialmente em um corpo o sujeito, em seguida o verbo, enfim os complementos.

Algumas caligrafias desenham o corpo com letras; a calimorfia desloca o corpo para revelar a palavra.
A caligrafia é o corpo das letras,

a calimorfia: o ser do corpo, o devir-letra do corpo.

O corpo calimórfico é o *de-vir e o por-vir* das letras. É uma ninfa, entre lagarta e borboleta. Não há, pois, nem começo nem fim. É um corpo suspenso em seu elã, no infinito,
letras-corpo *nastaaliq*.
É um corpo que não preenche o vazio, revela-o.
Este vazio que está em mim.
Este mim que está no vazio. Quem pode descrever o que vi nessa vertigem?

Changshi[28] me responde:

> *Sobre o restante do papel, parece-me que não há imagens; e, entretanto, as imagens ali têm uma eminente existência. Assim, o Vazio não é o nada. O Vazio é quadro.*

Esse vazio é o espaço do exílio.
O exílio dos corpos voláteis.

Terceiro movimento

A calimorfia não é também a caligrafia. Esta última é metafórica, enquanto a calimorfia é metonímica. É uma forma arrancada,
uma letra roubada de uma palavra,
uma palavra retirada de uma história, de uma vida...
A caligrafia é uma partitura musical do Alcorão, a calimorfia do corpo.

Em meu país, tem-se medo da nudez, como se tem medo da liberdade. Porque uma supõe a outra. E as duas, como Eva, nada sabem esconder. Elas revelam tudo, até a ausência dos deuses.

Aluno do liceu franco-afegão Esteqlal (Independência), eu era fascinado pela imagem de Marianne no quadro de Eugène Delacroix, *A liberdade guiando o povo*. Que audácia, que inteligência fazer encarnar a liberdade em uma mulher bela, rebelde e vestida como uma deusa antiga, divinamente erótica.

Quarto movimento

Ouvi um escritor, não sei exatamente quando nem onde, explicar como ele se obstinava, por ocasião da escritura, em reduzir uma página a um parágrafo, um parágrafo a uma frase, uma frase a uma palavra...
Eu imagino a felicidade dele diante de uma página em branco!

Originário de uma literatura na qual a poesia vence o romance, admiro essa busca de refinamento e de sutilidade obsessiva.

Em calimorfia, tudo começa com um desenho completo. E, assim que o corpo encontra seu porte, ele busca em seguida uma palavra para nomeá-lo.
A palavra, uma vez adotada, desnuda-se, desloca-se, desarticula-se para fazer aparecer a matéria e a essência de suas letras. É a partir desse instante que a calimorfia começa. Contrariamente à caligrafia — que exige uma carga excessiva de traços, de sinais, de

gestos… a ponto de cobrir completamente o espaço e
de se tornar quase ilegível —

a calimorfia quintessencia-se ao extremo. Ela sonha com letras, com traços, com gestos...
    Ela pede o esquecimento do fora, do tempo.

Ela sugere que meu corpo se coloque, ao descer em si, em companhia de si, presente em si mesmo, a fim de se tornar uno com o vazio do papel.
    A esse estado, os indianos chamam Savadhanata.
    Isso pode durar um dia, dois dias...
    Eu espero.
    Eu espero, como me aconselha o mestre chinês Su Tung-po:

> *Antes de pintar um bambu, é preciso que*
> *o bambu germine em seu foro interior.*

Algumas calimorfias condenam meu cálamo a errar sobre as folhas durante uma semana, ou duas, ou três... até que o corpo se revele repentinamente através de dois ou três traçados.
    E em um sopro.

Quinto movimento

A caligrafia é *um* gesto do espírito; a calimorfia, *uma* gesto do desejo; é minha *revolta íntima*, para emprestar a expressão de Julia Kristeva, contra toda escritura sagrada que prega a dualidade para separar meu corpo de meu espírito,
   a forma, do sentido,
   o finito, do infinito,
   o branco, do negro,
   o pleno, do vazio...

"*O desejo é uma ira*", disse Ollivier Pourriol, inspirando-se na concepção hegeliana do desejo. "*Uma ira de aparecer sob a forma de um corpo, sob a forma de um animal feito de carne, quando ele se sabe espírito. O espírito é inicialmente o único a se saber espírito, e esse escândalo o faz ferver.*"

E aí está nosso drama humano de que tiram proveito as religiões e, em particular, as religiões abraâmicas, contra as quais apenas a arte — mesmo sagrada, desde que ela celebre o eros — resiste e se revolta.

Ela tem como única arma o desejo quando da criação de uma obra; e o prazer, no momento de sua percepção.

Ainda uma palavra, uma única, *wala*, que designa a um tempo o estado, o porte, o *mood*... Quatro letras, com a beleza de uma apaixonada. Essa calimorfia remete a uma sequência de meu filme, *Syngué sabour (A pedra de paciência)*. Mas essa imagem por sua vez é inspirada no filme *Amor à flor da pele* [In the Mood for Love], de Wong Kar-Wai. Uma homenagem a esse cineasta do desejo e da graça feminina. A fluidez dos movimentos em seus filmes é a mesma que se vê na caligrafia chinesa. As roupas em seus filmes não dissimulam os corpos, e sim, como a pintura chinesa sobre a pele, revelam suas curvas, suas carnes, seus desejos...

Essa calimorfia esboça o estado de minha personagem que acaba de descobrir a *vertigem do desejo*.

Sexto movimento

É fazendo calimorfias que eu compreendo o que busco, o que faço.
Eu busco letras sem destino,
seres em exílio.
Corpos sem *Lahwe Mahfouz*, a tábua secreta.
Nenhuma ideia, nenhum texto precede o gesto calimórfico. A folha branca é tão vazia quanto o lugar dos deuses antes da Criação.

A caligrafia tem regras. É uma disciplina, uma gramática, uma língua, uma ideia, um texto.
Nada disso acontece em calimorfia. Esta é selvagem, sem lei; sua língua é corporal, o movimento é sua gramática; não há ali ideia alguma, mas sensações.
Chang Yen-Yuan[29] apresenta-me uma razão:

Um traço traçado com a régua é um traço morto.

Sétimo movimento

Durante muito tempo abstive-me de assinar minhas calimorfias. Tinha dúvidas, e duvido ainda sobre seu valor como obra.

Entretanto, meus traços, como a letra *alef* que eu havia esboçado no início, traziam neles meu corpo, meu sopro, meu traço, minha assinatura. Para quê carregá-los ainda mais com meu nome?

Nenhuma exposição intencional.

Mas um amigo pintor aconselhou-me de ali colocar simplesmente minhas iniciais, e, em seguida, as galerias, as convenções... impuseram-me isso.

Mais tarde, vendo os compradores de minhas calimorfias deixarem a galeria com minhas modestas obras sob os braços, compreendi que, no mercado de arte, assinar sua obra era dela se separar.

Eu não dava destino algum às minhas calimorfias, mas eis que partem alhures.

Elas são doravante tão errantes quanto seu signatário proscrito.

À saída de minha exposição, uma amiga pergunta-me se sou eu quem manipula o mundo ou se é o inverso, ou, então, se fazemos isso alternadamente. Uma questão que já se fazia Henri Michaux, ele que se via ser manipulado pelas formas e pela matéria da arte. Nem pelo mundo, nem pelo mercado.

Longe desse espírito sutil e criativo, eu me sinto levado nessa via pelo exílio, pela língua, pelo desejo e pela ausência.

Sim, são esses quatro elementos que formam o substrato de minhas calimorfias.

Do contrário, eu não saberia nem desenhar nem caligrafar.

Em minha solidão, diurna e noturna, enquanto busco uma palavra para nomear minha errância, e nada encontro, minha mão foge de meus pensamentos e, na falta de palavras para transcrever, ela apodera-se de uma pluma, move-se sobre uma folha branca, traça linhas sem saber aonde elas me levam.

Uma forma surge, não sei de onde nem como.

Somente o gesto é belo, porque espontâneo, instintivo, como em dança, ou em voo, ou em desejo de amar.

Como uma criança que desmonta seus brinquedos e que se alegra com isso, não aprecio senão essa liberdade gestual que me permite divertir-me com os corpos e com as palavras.

Sim, eu me alegro em separar as letras, em fazê-las desaparecer; e, em seguida, em vê-las subitamente retornar. Mas nem todas. Somente algumas consoantes retornam. Surdas. Silenciosas. Seguidas por algumas vogais longas. Elas recompõem-se com um mínimo de traço e de movimento para recriar o corpo. Ou, antes, a *trama* do corpo.

Essa fruição e essa liberdade, dou-as àquele corpo, o corpo de uma mulher.

As letras são femininas. Eu não sei por quê.

Oitavo movimento

Comportado com uma palavra, *vaja*: gosto desse vocábulo, muito antigo, muito persa pelo som "j" que não existe no alfabeto árabe.
É uma calimorfia que se define por si só. Uma mulher-folha-palavra.

Uma imagem muito próxima da tradição indiana, na qual a árvore é posta em analogia com o livro: a ideia é o germe; os capítulos são os galhos-mestres; as folhas são as palavras.

De uma elegância feminina, sentada, a Palavra me encara. Muito calmamente. Em um silêncio absoluto, como que para me escutar. O que posso a ela dizer? Não posso mentir diante dela. Entretanto, como romancista, gosto de mentir. É um exercício de ofício. Uma performance.
Quando criança, eu contava qualquer coisa apenas pelo prazer de mentir. Sem razão alguma. Minhas mentiras nunca estavam lá para justificar meus atos,

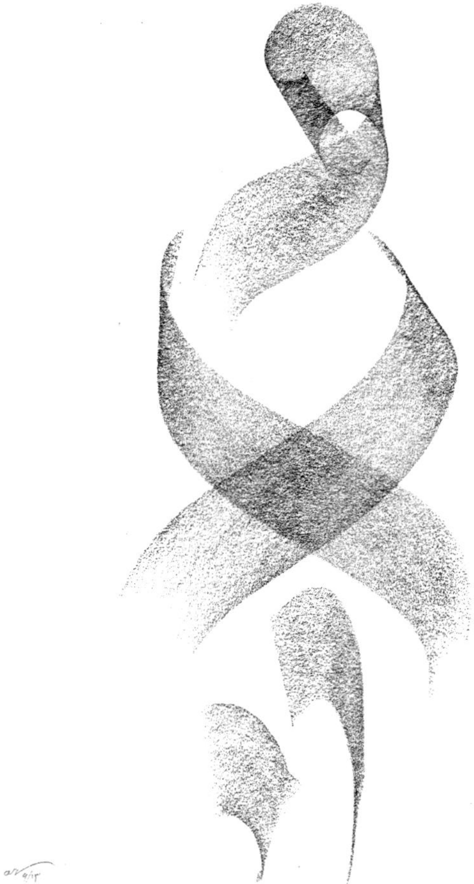

meus erros. Elas eram inocentes. A mentira cria a angústia. A angústia de sentir que um dia alguém acabará por descobri-las. Talvez eu estivesse à procura daquela perpétua ansiedade. Mas eu nunca acreditava em minhas mentiras. Como hoje. Mesmo que eu pense de tempos em tempos que a linguagem é inventada para mentir.

Mentir, mas não trapacear!

Impossível trapacear. Cada traço malogrado em calimorfia é irrecuperável, como em caligrafia chinesa.

Cinco traços, cinco movimentos, nada de passar a borracha. Não é um exercício de performance. Longe disso. Isso está no dispositivo material desta arte.

Nono movimento

Em calimorfia, não sei concluir um corpo.
Eu o *inacabo*.
Pouco importa se esse verbo não existe. É preciso inventá-lo. É belo, e tão real.
Pois a moral política e econômica — admitamos que haja uma! — exige que terminemos nossas ações ou nossas obras como um produto, uma vez iniciadas.
É Aristóteles, mais uma vez ele, que considera o inacabado como um sinal de imperfeição; isso é mesmo válido para a vida! O inacabamento é um ato de abandono, de covardia, contra todo engajamento.

E se fosse o contrário?
Paul Valéry diz que "*um poema nunca é acabado — é sempre um acidente que o conclui, isto é, que o dá ao público. São a exaustão, o pedido do editor, a germinação de outro poema...*"

O acabado de uma obra é, pois, arbitrário. E para torná-lo lógico, natural, inventamos regras e códigos que dão a ilusão do acabado.

As letras-corpo calimórficas não estão simplesmente suspensas, estão também inacabadas.

Contrariamente à caligrafia, o corpo calimórfico abre-se e desnuda-se, como Vênus.

Ele é instantâneo e instintivo,
selvagem e ingênuo.
Sem nostalgia nem utopia.
Sem membros.
E migrador.

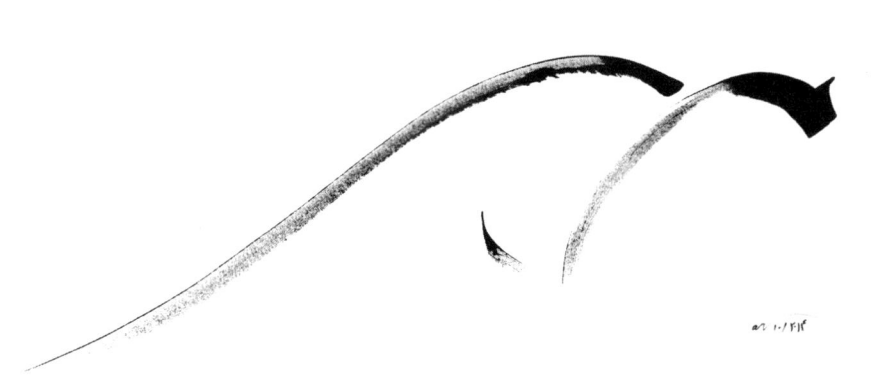

Décimo movimento

Inacabados, alguns corpos exigem ainda mais vazio, mais silêncio a ponto de se tornarem inorgânicos, mineralizados.

A mão do "Eu" calígrafo procura então um carvão para esvaziar o corpo, mais ainda, e elucidar as letras. Os traçados tornam-se cada vez mais intensos, como o "li" taoista.
O traço carvão faz sair a forma que se esconde no branco. É o jogo do visível no invisível, ou inversamente.
Traçando o negro, nós criamos o branco.
Huang Pin-Hung[30] confirma-me que há:

Consciência do Branco,
continência do Negro.

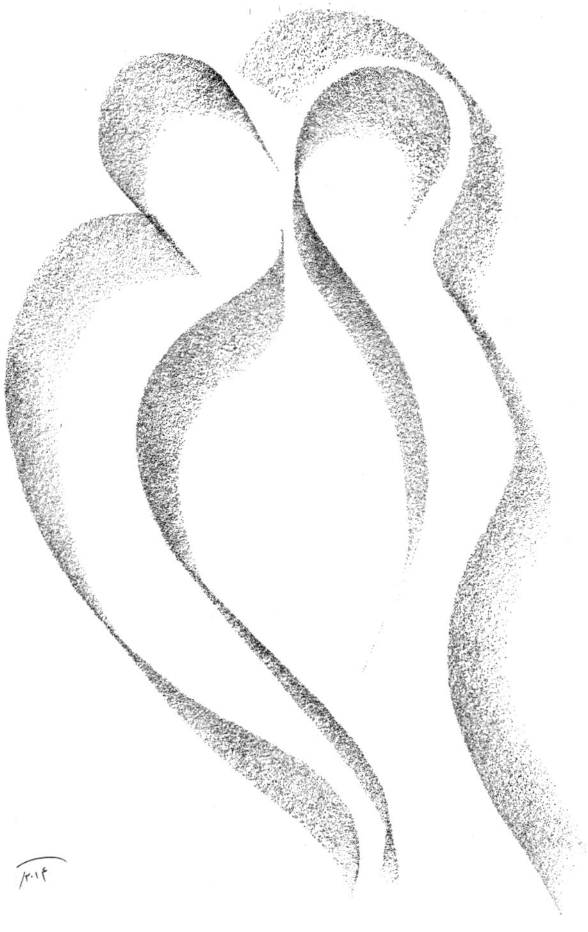
۲۰۱۴

Décimo primeiro movimento

Se eu tivesse nascido em Paris, como teria descrito os corpos?

Stendhal dizia que "*se Paris tivesse uma montanha em sua vizinhança, a literatura francesa teria sido diversamente pitoresca*".

Carrego em mim as montanhas aos pés das quais vi o dia. Elas dão forma a meu imaginário, à minha escritura, àqueles corpos que se revelam em minhas calimorfias como paisagens de minha terra natal. No fundo, o que desejo? A mulher ou a paisagem?
Os dois, sugere-me Gilles Deleuze:

Eu não desejo uma mulher, desejo igualmente uma paisagem envolta nessa mulher.

No entanto, minhas mulheres-montanhas desafiam a força da gravidade. Frágeis e voláteis como as nuvens, elas vivem em sua *leveza do ser*, sem serem cósmicas.

Elas são terrestres.
E universais.
Universais porque sem vestimentas e sem rosto.
Então,
nenhum signo de pertença,
nenhum sentido de identidade.

O Vazio é seu espaço.
A tinta é sua seiva.

Décimo segundo movimento

Como todo ser exilado, sou um homem de alhures. *"Alhures"*, dizia Simone de Beauvoir, *"era uma palavra ainda mais bela que as mais belas palavras."*

Com frequência me perguntam se me sinto mais afegão ou francês.
— Afegão quando estou na França, francês quando estou no Afeganistão.
Eu estou, pois, sempre *ailleurs*.[31]

Ailleurs é o espaço da errância.
Lá onde se perde meu corpo: *Eu estou onde eu não sou.*
Lá para onde se evadem minhas lembranças, meus sonhos, meu desejo...

Sua morfologia define igualmente minha existência. Quatro consoantes, quatro vogais. Com exceção do "r", as consoantes apagam-se para dar consistência às vogais. A palavra torna-se líquida, fugidia.

E o "r" torna-a ainda mais inapreensível, como ar, errante.

Ailleurs, não consigo defini-lo.
Ele é indefinível.
Ele não é nem lá onde estou,
nem lá de onde venho,
nem lá para onde vou.
Este lugar recusa-se a ser designado, nomeado.
Ailleurs é o verdadeiro sentido do exílio.

O corpo calimórfico é um corpo de *ailleurs*.

E a sequência

O mestre da escritura traça três escritos:
O primeiro, Ele é o único a lê-lo.
O segundo, Ele pode lê-lo, mas igualmente os outros.
O terceiro, nem Ele nem os outros podem ler,
sou eu.

Shams[32], *Ensaios*

Agradecimentos

Jean-Claude Carrière
Ange Chopard Lallier
Mahmoud Chokrollahi
Danièle d'Antoni
Sophie de Sivry
Rahima Katil
Claire Le Luhern
Joëlle Robinet
Anne-Dominique Toussaint

Referências

Ghani Alani & Joël-Claude Meffre
Une geste des signes. Paris, Fata Morgana, 2002.

Roland Barthes
O óbvio e o obtuso. Rio de Janeiro, Nova Fronteira, 1990.
A câmara clara. Rio de Janeiro, Nova Fronteira, 2015.

Charles Baudelaire
Œuvres complètes. Paris, Gallimard, "Bibliothèque de la Pléiade", 1951.

Rajab Borsi
Les Orients des Lumières. Paris, Verdier, 1995.

François Cheng
Vide et plein. Paris, Seuil, 1991.
Et le souffle devient signe. Paris, L'Iconoclaste, 2014.

Dalai Lama & Jean-Claude Carrière
A força do budismo. São Paulo, Arx/Mandarim, 1996.

Henri Gougaud
Le Rire de la grenouille. Paris, Carnets Nord, 2008.

Emmanuel Hocquard
Méditations photographiques sur l'idée simple de nudité. Limoges, P.O.L, 2009.

Victor Hugo
Ce que c'est que l'exil. Paris, Équateurs, 2008.

Charles Juliet
Entretien avec Fabienne Verdier. Paris, Albin Michel, 2007.

Frank Lalou
La Calligraphie de l'invisible. Paris, Albin Michel, 1995.

Gabriele Mandel Khân
L'Écriture arabe. Paris, Flammarion, 2001.

Valère-Marie Marchand
Les Ouvriers du signe. Courbevoie, ACR Édition, 2002.

Hassan Massoudy
L'ABCdaire de la calligraphie arabe. Paris, Flammarion, 2002.
Désir d'envol. Paris, Albin Michel, 2008.

Henri Michaux
Émergences-résurgences. Genebra, Albert Skira, 1972.

Michel Onfray
Les Bûchers de Bénarès. Paris, Galilée, 2008.

Colette Poggi
L'Aventure de la calligraphie. Paris, Bayard, 2014.

Ollivier Pourriol
Filosofando no cinema: 25 filmes para entender o desejo. Rio de Janeiro, Zahar, 2012.

Pascal Quignard
La Nuit sexuelle. Paris, Flammarion, 2007.

Rabindranâth Tagore
Sadhana: a compreensão da vida. Estrela (RS), Casa das Letras, 2015.

Índice das calimorfias

رویای مادر   ROYAE-MADAR, **SONHO COM A MÃE**   64

مد   MADH, **DISTENSÃO**   73

آدم و حوا   ADAM WA HAVA, **ADÃO E EVA**   81

انتظار   INTEZAR, **A ESPERA**   114

وهم نهان   WAHME NEHAN, **TEMOR VELADO**   123

مرده نگران	MORDAYE-NEGARAN, **A MORTE INQUIETA**	127
لام خوابیده	LAM, **ADORMECIDA**	134
جان	DJAN, **O CORPO-ALMA**	139
یاغی جان	YAGHIDJAN, **CORPO-ALMA REBELDE**	143
الهه	ALLAHA, **DEUSA CALIPÍGIA**	144
آخرجهان	AKHAR-E DJAHAN, **O FIM DO MUNDO**	146
جسم الحب	JISMO-LHOB, **CORPO DO AMOR**	148

الحب	ALHOB, O AMOR	153
پرواز	PARWAZ, O VOO	157
رها	REHA, A SEIVA LIVRE	159
سی	SI, A SEIVA	161
واله	WALA, *IN THE MOOD FOR LOVE* [33]	164
آزاده	AZADAH, LIBERTADA	167
می بی غم	MAYE-BIGHAM, AQUELA QUE BEBE DESPREOCUPADA	170

داناچون واژه	VAJA, COMPORTADA/O COMO UMA PALAVRA	173
مهر	MEHR, O DESEJO DE AMAR	177
هم دم	HAMDAM, DE MESMO SOPRO	179
رس	RAS, CIMO	181
آواره	AWARA, ERRANTE	184

Notas da tradutora

1 Mawlana Jalal al-Din Muhammad ibn Muhammad alBalkhi al-Rumi (1207-1273). Mawlana é um título árabe que significa "meu mestre"; ele foi atribuído a Rumi por seus discípulos.

2 Farid al-Din Attar (1145-1221). *Attar*, em persa, significa "aquele que comercializa perfumes" — não por acaso, Attar compôs a maior parte de sua obra em sua loja de boticário.

3 *Xaria* (que em árabe quer dizer "mostrar o caminho") é a lei revelada de Deus, visto como perfeito e eterno.

4 No original. *Matrika*, Mãezinha. Logo se compreenderá que é a Mãe, lugar originário e salvador; o *alef*, em suma.

5 Em hindi, no original. *Ustad* quer dizer "mestre".

6 Valendo-se da linhagem dos saltimbancos, Henri Gougaud é escritor de novelas fantásticas, de romances, de contos e de lendas.

7 Ibn Arabi (1165-1240), poeta, místico e filósofo.

8 *Zohar*, livro canônico do judaísmo.

9 Mestre antigo do Talmud; o Talmud pode ser compreendido como a explicação oral da Torá.

10 *Co-naissance*, no original. Termo que joga com o prefixo "*con*" e "*naissance*" (nascimento) da palavra. "Conhecimento", em português, não dá conta desse jogo interno ao termo que trabalha a ideia de origem, de matriz, nascimento do sujeito em interação com o Outro.

11 A citação está em *Roland Barthes por Roland Barthes* [Estação Liberdade, 2003]; entretanto, Barthes diz ali "eu *vejo* a linguagem".

12 O Veda, ou os Vedas, são textos sagrados do hinduísmo, considerados como os mais antigos textos religiosos do mundo.

13 No original, *imaginale*, neologismo inventado por Corbin para dar conta da exaltação filosófica da imagem.

14 No original, lê-se *tissage* e *métissage*. O autor joga com a semelhança constitutiva dos termos. Em ambos se insinua a ação de tecer, de tramar, como metáfora do ato da escrita.

15 Gabriele Mandel Khân (1924-2010), autor de diversas obras sobre a história e a cultura islâmicas.

16 Obra publicada no Brasil pela Estação Liberdade em 2002.

17 No original, *callimorphies*, que em francês também é um neologismo.

18 François Cheng (1929-), chinês de nascimento e naturalizado francês, professor do Instituto Nacional de Línguas e Civilizações Ocidentais em Paris.

19 Fabienne Verdier (1962-), pintora francesa.

20 Charles Juliet (1934-), escritor cujas obras são focadas no tema da adolescência.

21 A fórmula lacaniana retomada por Rahimi é expressão de uma falta simbólica, nunca real; ela é quase que metafórica — e vale lembrar que a "falta" é uma categoria psicanalítica em Lacan.

22 Obra publicada no Brasil pela Estação Liberdade em 2009.

23 No original, *déconditionner*, que em francês também é um neologismo.

24 O "acaso objetivo" de que fala Rahimi aparece em *Nadja* (1928): seria uma sucessão de ideias abstratas que têm como suporte, entretanto, um objetivo a que deseja chegar o autor.

25 Hans Bellmer (1902-1975), pintor, e escultor surrealista alemão.

26 *Chadari*, ou burca, semelhante ao xador, é usada pelas mulheres afegás: trata-se de um traje que cobre todo o corpo, inclusive os cabelos, e apresenta uma estreita tela, à altura dos olhos, por onde se vê.

27 Para respeitar o incômodo experimentado pelo autor, deixou-se a tradução primeira, do inglês para o francês: *nature morte*. Em português, *still life* também se traduz por "natureza morta".

28 Wu Changshi (1844-1927), pintor chinês.

29 Chang Yen-Yuan, autor chinês do século IX de uma primeira história geral da pintura chinesa.

30 Huang Pin-Hung (1864-1955), um dos fundadores do importante Colégio de Arte e de Cultura Chinesa em Pequim.

31 *Ailleurs* significa "alhures". Entretanto, optou-se por manter aqui o termo original, pois as frases seguintes jogam com a com-

posição morfológica do termo, morfologia que define a existência do sujeito errante.

32 Shams al-Din Mohammad Trabiz (1185-1248), mentor espiritual de Rumi, é autor dos *Maghalat* ou *Ensaios*, de onde Rahimi empresta a citação.

33 Em inglês, no original.

Créditos da imagens:

P. 132: © Museu Nacional de Kyoto, *Wakan Roei-shu*, rolo de pergaminho nº 1 (detalhe), 1160

P. 145: © Man Ray Trust/Adagp, Paris, 2015, *Monument à D.A.F. de Sade*, Man Ray (1933)

ESTE LIVRO FOI COMPOSTO EM SABON CORPO 11 POR 16 E
IMPRESSO SOBRE PAPEL OFF-WHITE AVENA 90 g/m^2 NAS OFICINAS
DA ASSAHI GRÁFICA, SÃO BERNARDO DO CAMPO — SP,
EM MAIO DE 2018